여호수아를 알면 기업이 보인다

서 문

히브리 성경의 제목에 있어, 앞선 모세 오경의 말씀들은 첫머리의 말들을 책의 제목으로 삼았습니다. 그러나 여호수아의 말씀은 중심인물이 되는 여호수아의 이름을 책 제목으로 삼습니다. 그 이름은 '여호와는 구원이시다'라는 뜻입니다. 곧 그의 이름은 단지 한 사람의 개인적인 이름이 아닌 그 이름이 가진 뜻으로 우리들에게 교훈하시는 것입니다. 우리가 기억해야 할 그의 이름은 바로 그의 이름의 뜻입니다. 인생의 승리는 하나님을 나의 구원으로 삼는 자의 삶입니다. 그분은 창조주가 되시고, 구원주가 되시고 장차 심판주가 되실 것입니다.

여호수아 한 인생의 시작은 미미합니다. 그는 주역이 아니었습니다. 다만 모세의 수종으로서 시작하였을 뿐입니다. 그러나 그는 '여호와의 종' 모세를 섬김에 충성하여 여호수아의 마지막에는 모세와 같이 그 자신 또한 '여호와의 종'이라는 거룩한 칭호를 받게 됩니다(수 1:1, 24:29).

여호수아는 크게 정복과 분배로 나뉩니다(정복: 1-12장, 분배: 13-24장). 기업을 얻기 위한 정복 전쟁과 기업의 분배에 관한 말씀입니다. 그러므로 여호수아는 우리들에게 주어진 기업을 보게 하실 것입니다.

이제 여호수아는 다음과 같은 특징을 가집니다.

첫째, 여호수아는 성취의 책입니다. 모세 오경을 지나 여호수아는 모세 오경의 성취로서 중요한 의미를 가집니다. 모세 오경의 약속이 여호수아에 이르러서 비로소 성취되며 이러한 성취는 온전하며 완전한 것이 아닌 예표적인 성취로서 영원한 약속과 그 성취를 소망 중에 바라보게 하는 것입니다. 애굽의 종 되었던 이스라엘을 애굽으로부터 이끌고 나온 이스라엘의 영적 지도자 모세의 뒤를 이은 여호수아의 출현은 변함없는 하나님의 인도하심을 보이며 여호수아는 이스라엘에게 안식을 줍니다. 그러나 이 안식은 영원한 안식이 아니며 참되고 영원한 안식을 주시는 예수 그리스도와 하늘 도성을 소망 중에 바라보게 하시는 것입니다.

둘째, 여호수아는 믿음의 책입니다. 여호수아는 믿음의 여러 단면을 우리들에게 보여줍니다. 이스라엘의 가나안 정복에는 아직 이루어지지 않은 미정복지가 있으며, 개척해야 할 바가 있으며, 그림을 그려야 할 바가 있습니다. 갈렙의 요구와 요셉 지파의 요구에 여호수아의 가르침과 실로에서의 7지파의 그림은 믿음이란 무엇인가를 보여줍니다. 또한 요단 동편 지파의 역할은 '믿음의 책임'에 관하여, 기업 분배(13-21장) 이전에 이루어진 정복 전쟁을(1-12장) 통한 '믿음의 싸움'에 관하여 알게 하십니다.

셋째, 여호수아는 기념의 책입니다. 신앙은 기념하는 것입니다. 곧 잊지 않는 것입니다. 이스라엘이 요단 강 가운데에 언약궤를 맨 제사장들의 발이 선 곳과 그들이 유숙한 길갈에 세운 열 두 돌은 그들이 요단을 건넘을 기념하고 기억합니다(4장). 또한 모든 정복 전쟁을 마치고 요단 동편으로 돌아가던 요단 동편의 지파들이 요단 가에 세운 제단은 요단 서편과 동편 지파의 하나됨을 증거하는 기념이 됩니다. 여호수아는 마지막으로 세겜에서 이스라엘 백성들과 언약을 맺고 돌을 세우고 증거로 삼습니다. 성만찬으로 주의 죽으심을 기념하고 기억하듯 신앙은 하나님의 은혜를 기념하고 또한 기억하는 것입니다. 은혜의 상실이야 말로 진정한 기억 상실증이 됩니다.

넷째, 여호수아는 실전의 책입니다. 여호수아는 모세 오경의 전체적인 조망으로 보아야 합니다. 여호수아는 모세 오경의 연속이며, 결론이며, 성취이기 때문입니다. 애굽에서 떠나는 이스라엘과 시내 산에서 떠나는 이스라엘은 각각 믿음의 시작과 과정을 보여준다면 이제 가나안 땅에 들어가는 이스라엘은 믿음의 절정의 모습을 보여줍니다. 세상의 배움에도 초급과 중급과 고급의 과정이 있듯이 믿음의 여정에도 이러한 성숙된 과정이 있는 것입니다. 애굽에서 나온 이스라엘에는 그들의 불평함에도 불구하고 큰 책망과 심판이 없었습니다. 그들에게는 아직 조직도 없었습니다. 시내 산에서 떠난 이스라엘은 군대로서의 편성과 하나님의 징계라는 성숙됨이 있었지만 그들에게는 아직 큰 전쟁이 없었습니다. 그들은 여전히 훈련 가운데 있었기 때문입니다. 그러나 여호수아는 실전의 책입니다. 여호수아는 가장 성숙된 믿음의 과정을 보여주는 것입니다.

다섯째, 여호수아는 결단의 책입니다. 여호수아는 마지막 고별사를 통하여 이스라엘로 하여금 하나님 앞에서 세겜 언약을 통해서 결단케 합니다. 여호수아는 이 결단의 장소로, 아브라함이 처음으로 제단을 쌓았던 곳인 세겜을 택합니다. 믿음은 결단하는 것입니다. 그것은 오직 하나님만을 섬기는 것입니다.

마지막으로, 믿음의 거장이며, 예수 그리스도의 모형이 되는 여호수아를 통한 가나안 정복과 그 분배를 살피며 자신에게 주어진 '기업'에 대한 눈이 떠지는 귀한 은총이 함께 하시기를 기원합니다.

차 례

제1부 땅의 정복(1장~12장)

여호수아의 구조

땅의 정복(1-12장)											
싯딤	요단	길갈									
가나안 정복 준비 1-5장					중부점령 6-8장			남부점령 9-10장		북부점령 11-12장	
모세를 계승한 여호수아	여리고 정탐	요단 도하	요단 강 도하 기념비	길갈에서의 할례와 유월절	여리고 점령	아간의 범죄	아이성 점령	기브온 우호 조약	기브온의 구조 요청 / 가나안 남부지방 점령	가나안 북부지방 점령	정복 사업의 요약
1장	2장	3장	4장	5장	6장	7장	8장	9장	10장	11장	12장

땅의 분배(13-24장)									
길갈				실로					세겜
요단동편 기업	유다 지파 요셉 지파의 기업			7지파 반	레위지파 성읍		귀환	고별사	세겜 언약
요단 동편 땅의 분할	길갈에서 행한 땅의 분할	유다 지파의 기업	요셉 지파들의 기업	실로에서 행한 땅의 분할	도피성	레위 지파의 성읍	요단 동편 지파의 귀환	여호수아의 고별사	여호수아의 세겜 언약 갱신
13장	14장	15장	16-17장	18-19장	20장	21장	22장	23장	24장

여호수아

제1부

땅의 정복

(1-12장)

PART

01

모세를 계승한 여호수아
1장1~18절

Key Point

모세의 사역은 이스라엘 백성들을 애굽으로부터 이끌고 나와 가나안 땅에 들어가기 전까지로 마치고 가나안 진입과 정복의 사명은 여호수아에게 맡겨집니다. 새로운 이스라엘 지도자로서의 여호수아의 세워짐은 변치 않는 하나님의 임재와 다스림을 보여주며, 하나님께서는 새로운 지도자로서 여호수아의 마음을 강하고 굳게 하십니다.

전체적으로 여호수아는 크게 두 부분으로 나누어집니다. 곧 '땅의 정복'에 관한 1-12장의 말씀과 '땅의 분배'에 관한 13-24장의 말씀입니다. 땅의 정복에 대한 말씀은 다시 가나안 정복을 준비하는 1-5장의 말씀과 가나안 중부 점령으로부터 시작한 중부(6-8장), 남부(9-10장), 북부(11-12장) 점령의 말씀으로 나누어지며, 땅의 분배에 관한 말씀은 이미 기업 분배가 이루어진 요단 동편의 세 지파(13장), 요단 서편의 아홉 지파 반(14-19장), 레위지파(20-21장)의 순서대로 그들의 기업과 성읍에 관한 말씀과 요단 동쪽 지파의 귀환(22장), 마지막 여호수아의 고별사(23장), 세겜의 언약과 여호수아의 죽음(24장)으로 나누어집니다.

여호수아의 말씀이 '정복'과 '분배'로 이루어졌음을 아는 것은 1차적인 지식이 될 것입니다. 그러나 여호수아의 말씀을 좀 더 깊이 있게 이해하게 될 때에 단지 정복과 분배가 아닌 두 종류의 정복이 있음을 보게 됩니다. 첫 번째 정복은 여호수아의 영도 아래에서 이루어진 1-12장의 정복입니다. 이 정복은 영적인 교훈으로, 은혜로 이루어진 정복이 될 수 있습니다. 십자가로 말미암아 마귀의 일을 멸하신(무력화하신) 은혜를 가르치는 것입니다(히 2:14). 이는 성도의 변화된 신분과 자격에 관한 교훈입니다. 그러나 이제 남겨진 정복이 있습니다. 그것은 우리들의 기업 속에서 이루어져야 할 정복입니다. 이스라엘 가운데 이루어진 분배는 앞선 정복으로 말미암아 무혈입성하는 분배가 아닌 남겨진 싸움이 있는 분배였습니다. 그러므로 우리들에게 두 종류의 믿음이 필요함을 알게 됩니다.

첫 번째 믿음은 하나님께서 행하신 일들을 나의 것으로 삼는 믿음입니다.

"곧 예수 그리스도를 믿음으로 말미암아 모든 믿는 자에게 미치는 하나님의 의니 차별이 없느니라"(롬 3:22)

믿음이란 원인이 되신 하나님의 일들을 나의 삶의 결과로 취하는 수단이 되는 것입니다.

그러나 이제는 두 번째 믿음이 필요합니다. 이 믿음은 우리들로 하여금 남겨진 싸움을 통해서 정복하게 하시는 것입니다.

"믿음이 없이는 하나님을 기쁘시게 하지 못하나니 하나님께 나아가는 자는 반드시 그가 계신 것과 또한 그가 자기를 찾는 자들에게 상 주시는 이심을 믿어야 할지니라"(히 11:6)

많은 사람이 첫 번째 정복과 싸움에 관하여 근심합니다. 이러한 사람들은 자신의 구원에 관하여 근심하는 것입니다. 자신의 삶의 행위와 모습을 통해서 근심하는 것입니다. 그러나 이 모든 것은 헛된 것이며 어리석은 것이며 불신앙적인 것입니다. 그 어떠한 삶으로도 이 정복에 승리할 수 없습니다. 왜냐하면 이 정복은 우리로 말미암은 것이 아니기 때문입니다. 평생을 이 싸움에 대한 결과에 대해서 염려하는 인생이 얼마나 많이 있습니까? 우리들이 진정으로 근심하고 염려하여야 할 정복은 오히려 두 번째 정복입니다. 우리들의 삶의 기업 속에서 남겨진 싸움을 믿음으로 행하여야 하는 것입니다. 여기에 칭찬과 상급이 있게 되는 것입니다.

성경은 이에 관하여 계속적이며 반복적이며 일관성 있게 말씀하십니다. 애굽에서 이루어진 유월절 어린 양의 피로 말미암은 구원에는 어떠한 자랑도 있을 수 없습니다. 그것은 하나님의 은혜의 사역이었습니다. 구원은 광야에서 이루어진 것이 아니라 애굽에서 이루어졌습니다. 구원은 홍해를 건널 때에 이루어진 것도 아닙니다. 구원은 그보다 앞서는 것입니다. 구원은 유월절 어린 양의 피로 말미암아 이루어진 것입니다. 홍해를 건너는 것은 세례적인 행위입니다. 세례는 구원을 이루는 것이 아니라 구원의 표로 주어지는 것입니다.

이제 출애굽 한 이스라엘은 구원 그 이후의 삶을 살아야 했습니다. 구원은 은혜이며 선물이며 시작과 출발이 됩니다. 그러나 반드시 구원 그 이후의 삶을 살아야 하는 것입니다.

로마서는 구원에 관하여, 칭의적인 가르침에 관하여 말씀하십니다.

"그러므로 사람이 의롭다 하심을 얻는 것은 율법의 행위에 있지 않고 믿음으로 되는 줄 우리가 인정하노라"(롬 3:28)

동일하게 믿음의 삶은 칭의적인 구원 그 이후의 삶에 관하여 말씀하십니다.

"그러므로 우리가 믿음으로 의롭다 하심을 받았으니 우리 주 예수 그리스도로 말미암아 하나님과 화평을 누리자"(롬 5:1)

구원에는 과거적인 구원인 '칭의'와 현재적이며 계속적인 구원이 되는 '성화'와 미래적인 구원인 '영화'가 있습니다. 세상은 '성장이냐 분배냐'를 가지고 논쟁합니다. 성장 중심적인 사회 구조에서 분배의 문제가 발생하기 때문입니다. 그러나 믿음의 고민은 반대입니다. 믿음은 '존재'(being)로부터 시작하여 '성장'(growth)으로 가는 것입니다. 구원과 구원 그 이후가 있습니다. 신분과 수준이 있습니다. 여호수의 말씀으로 돌아온다면 두 가지 정복이 있는 것입니다. 하나님께서 이루신 정복과 우리들이 주 안에서 이루어야 하는 정복입니다.

이제 1-5장은 가나안 정복을 준비하는 말씀입니다. 출애굽 하기 전에 출애굽기 1-12장의 말씀이 있었고, 시내산을 떠나기 전에도 민수기

1-10장10절의 말씀이 있었던 바와 같이 본격적인 가나안 정복이 있기 전에도 여호수아 1-5장의 말씀을 통해서 그 준비 과정을 보이시는 것입니다. 모든 일에는 준비가 필요합니다. 오순절 성령의 강림도 기다림과 기도로 준비하였습니다(행 1-2장).

"진중에 두루 다니며 그 백성에게 명령하여 이르기를 양식을 준비하라 사흘 안에 너희가 이 요단을 건너 너희의 하나님 여호와께서 너희에게 주사 차지하게 하시는 땅을 차지하기 위하여 들어갈 것임이니라 하라"(수 1:11)

■ 여호수아 1-5장의 구조적 이해

　수 1:1-18: 모세를 계승한 여호수아

　수 2:1-24: 여리고 정탐

　수 3:1-17: 요단 도하

　수 4:1-24: 요단강 도하 기념비

　수 5:1-15: 할례 유월절 군대대장

믿음의 삶에는 두 가지 확실한 언약이 있습니다. 이는 한편으로는 그리스도의 죽음으로 나타나며 다른 한편으로는 하나님의 약속으로 말미암은 것입니다. 먼저 그리스도의 죽음은 우리들을 영원한 땅, 생명으로 이끕니다. 이는 하나님께서 우리들을 견인하여 주심과 같습니다. 그러나 또 다른 언약이 되는 하나님의 약속들은 우리들의 순종을 요구하십니다. 우리들의 순종이 곧 하나님의 언약을 온전히 누리게 하시는 것입니다.

■ 여호수아 1장의 구조적 이해

수 1:1-2: 모세의 죽음 후 여호수아에게 가나안 땅의 정복을
　　　　　명령하심
수 1:3-4: 가나안 땅의 약속을 재확인
수 1:5-9: 여호수아에게 주신 권면과 명령
수 1:10-11: 여호수아가 백성의 관리들에게 명령함
수 1:12-15: 여호수아가 르우벤 지파, 갓 지파,
　　　　　　므낫세 반 지파에게 명령함
수 1:16-18: 르우벤 지파, 갓 지파, 므낫세 반 지파의 순종 서약

1. 여호수아의 시작의 특징을 살펴봅시다(1-2절).

　여호수아는 모세를 계승하여 이스라엘 백성들을 이끌게 됩니다. 여호수아의 본래 이름은 '구원'이라는 '호세아'였으나(민 13:8, 신 32:44) 모세는 호세아의 이름을 '여호수아'라 개명하여 주었습니다(민 13:16). 이전의 이름은 구원의 주체가 분명하지 못하였던 '호세아'였으나 이제는 구원의 주체가 분명한 '여호수아'가 되었습니다. 여호수아는 '여호와가 구원하신다'라는 뜻입니다. 특별히 그의 이름은 신약의 헬라어로는 '예수'라는 동일한 이름입니다. 이는 그의 사역이 예수 그리스도의 사역을 예표함을 분명히 말씀하시는 것입니다.

모세는 '여호와의 종'이라 불립니다. 이는 하나님의 귀한 쓰임을 받은 영광스러운 칭호로서의 '선포'이며, 또한 예우가 됩니다. 모세가 여호와의 종이 됨과 같이 여호수아 또한 책의 마지막에서 '여호와의 종'이라고 불립니다(수 24:29).

특별히 여호수아의 말씀은 모세의 죽음으로부터 시작합니다. 참으로 이 땅의 죽음은 하나님의 놀라운 섭리의 새로운 시작이 됩니다. 데라가 죽은 후에 아브람은 비로소 하란을 떠날 수 있었으며 또한 그가 가나안 땅에 들어갈 수 있었습니다. 사라의 죽음 후에 이삭은 리브가를 아내로 맞이하였으며 아브라함의 죽음 후에 이삭과 이스마엘을 형제의 애로서 아버지의 장사를 함께 치렀으며 이삭의 죽음 후에 야곱과 에서는 아버지의 장사를 함께 치르며 형제의 화해를 이루었으며 야곱의 죽음 후에 요셉과 그의 형제들 또한 형제간의 진정한 화해를 이루었습니다. 본문의 말씀은 하나님의 종 모세의 죽음 이후의 말씀입니다. 모세의 죽음은 모든 소망을 상실케 한 것이 아니라 모세의 죽음 이후에 비로소 이스라엘은 가나안 땅에 들어가게 되었음을 우리는 보게 됩니다. 하나님께서는 모세의 죽음을 통해서 그리스도를 바라보게 하십니다. 곧 모세는 자신의 죄악으로 말미암아 죽었으나 하나님께서는 그의 죽음 이후에 이스라엘 백성들이 가나안 땅에 들어가게 하심으로 말미암아 우리 주님의 십자가 죽음으로 말미암아 우리의 죄의 사함을 받고 주의 나라 가운데로 들어가게 됨을 보이시는 것입니다. 도피성의 살인자가 대제사장의 죽음으로 자기 소유의 땅으로 돌아감과 같이(민 35:28) 모세의 죽음

역시 하나님의 백성을 영원한 본향으로 이끄시는 예수 그리스도의 죽음을 예표하는 것입니다.

2. 하나님께서 약속하신 땅은 어디입니까?(3-4절)

하나님께서는 모세와 이스라엘에게 그들의 발바닥으로 밟는 곳을 다 주신다고 약속하셨습니다. 곧 하나님께서 주시는 땅은 곧 그들의 믿음의 분량에 의한 것입니다. 모세의 죽음이 예수 그리스도의 죽음 이후에 주어지는 가나안 땅에 대한 약속으로 하나님의 '은혜'를 붙들게 한다면 또한 '믿음의 분량'이 그 땅을 온전히 차지하고 누리게 하시는 것입니다. 특별히 하나님께서는 이스라엘 백성들에게 광야와 레바논에서부터 큰 강 유브라데 강에 이르는 헷 족속의 온 땅과 또 해지는 쪽 대해까지 그들의 영토가 될 것에 관하여 말씀하셨습니다.

땅에 관한 약속의 구절들에 관하여

이스라엘에게 약속된 땅의 경계에 대한 구절들은 창 15장18-21절, 출 23장31절, 민 34장1-14절과 본절인 수 1장3-4절에서 나타납니다. 이스라엘에게 약속된 땅은 대략적으로 남쪽으로는 신 광야, 서쪽으로는 지중해, 동쪽으로는 유브라데, 북쪽으로는 레바논 산맥이 그 경계를 이루고 있습니다. 출애굽기의 말씀과(출 23:31) 횃불 언약을 통한 말씀에서는(창 15:12-21) '애굽 강에서부터 그 큰 강 유브라데까지'라고 개략적으로 전하나 이제 민수기 34장1-14절과 본절에 이르러서는 확연하게 그들의 경계를 말씀하십니다. 그러나 이 약속된 지경은 여호수아에 의한 가나안 정복에 의해서 다 얻지 못하였다가 후에 다윗과 솔로몬 때에 이르러 마침내 그 국경이 형성되었습니다(대하 9:26). 따라서 이러한 약속과 성취를 통해서 성경은 이 땅의 지경이 아닌 하나님 나라를 바라보게 하시는 것입니다.

3. 여호수아에게 행한 하나님의 약속과 당부의 말씀은 무엇입니까?(5-9절)

> 약속의 말씀:
> 네 평생에 너를 능히 대적할 자가 없을 것(5절)
> 너와 함께 있을 것(5, 9절)
> 너를 떠나지 않을 것(5절)
> 버리지 않을 것(5절)
> 땅을 얻게 하리라(6절)
> 어디로 가든지 형통하리라(7, 8절)
> 네 길이 평탄하게 될 것이라(8절)

하나님께서 여호수아에게 하신 약속의 말씀은 너의 평생에 너를 능히 대적할 자 없을 것이며 하나님께서 모세와 함께 있던 것 같이 너와 함께 하실 것이며 너를 떠나지 아니하며 버리지 않을 것이라 약속하셨습니다. 그러나 하나님께서는 주시는 이러한 형통함에는 전제 조건이 있습니다. 즉 하나님의 종 모세가 명한 율법을 다 지켜 행하고 우로나 좌로나 치우치지 말라는 것입니다.

당부의 말씀:

"모세가 네게 명령한 그 율법을 다 지켜 행하고 우로나 좌로나 치우치지 말라"(7절)

"이 율법책을 네 입에서 떠나지 말게 하며 주야로 그것을 묵상하여 그 안에 기록된 대로 다 지켜 행하라"(8절)

여호수아 1장의 전반부가 되는 1-9절은 믿음의 사람들이 붙들어야 할 세 가지를 알게 합니다. 곧 '은혜'와 '믿음'과 '말씀'입니다. 모든 것이 하나님의 은혜로 말미암은 줄을 알고 믿음으로 취하고, 더 나아가 말씀을 붙들어야 합니다.

4. 여호수아가 백성의 관리들에게 무엇을 명령하였습니까?(10-11절)

여호수아는 그 백성의 관리들에게 명령하기를

"진중에 두루 다니며 그 백성에게 명령하여 이르기를 양식을 준비하라 사흘 안에 너희가 이 요단을 건너 너희의 하나님 여호와께서 너희에게 주사 차지하게 하시는 땅을 차지하기 위하여 들어갈 것임이라"(11절)

하라 하였습니다. 여호수아 1장은 하나님의 명령의 말씀(1-9절)과 이에 대한 인간의 반응(10-18절)으로 나눌 수 있습니다. 여호수아는 먼저 하나님의 말씀의 즉각적인 순종으로 응답하였습니다.

이스라엘은 매일과 같은 만나에 익숙하여져 있었습니다. 그러나 이제 가나안 정복을 앞둔 가운데 이전과 같이 그들에게 매일과 같이 만나가 내리지 않을 것입니다. 하나님께서는 놀랍게도 전쟁을 앞두고 먼저 하늘의 신령한 양식이었던 만나의 공급을 끊으셨습니다(수 5:12). 그들은 스스로 자신의 양식을 준비하여야 했습니다. 전쟁에 있어서 양식은 절대적인 것입니다. 육의 전쟁도 이러할진대 더욱더 영적 전쟁에 있는 사람들은 영의 양식인 하나님의 말씀으로 무장되어야 할 것입니다.

5. 여호수아가 르우벤 지파와 갓 지파와 므낫세 반 지파에게 무엇을 명하였습니까?(12-15절)

여호수아는 요단 동편 땅을 차지하게 된 르우벤 지파와 갓 지파와 므낫세 반 지파에게 그들의 처자와 가축은 요단 동편 땅에 머물되 그들의 용사들은 무장하고 그들의 형제보다 앞서 요단을 건너가서 그들을 돕고 그들로 안식케 하고 돌아와 그들의 땅으로 돌아갈 것을 명하였습니다.

비록 모세의 죽음과 가나안 땅에 입성 거부가 민수기 21장에서 보이는 바 모세 자신의 죄로 말미암음에도 불구하고 그의 죽음 자체가 예수 그리스도의 십자가 죽으심을 예표함과 같이 요단 동판 땅을 요구한 세 지파의 행위 자체는 선하지 않음에도 불구하고 이것이 용납됨으로 하나님께서 보시는 바가 있음을 주목해 보아야 합니다. 곧 그들은 이미 요단 동편 땅에 안식함을 가졌습니다. 그러나 요단 서편의 온전한 안식을 누리기까지 그들은 가나안 정복 전쟁에 선봉대의 의무를 다하여야 했습니다. 곧 성도는 이미 안식한 자로서 영원한 안식을 누리기까지 자신의 의무를 다하여야 합니다. 성도는 안식을 얻기 위해서가 아닌 이미 안식을 차지한 자로서 온전한 안식이 오기까지 믿음의 싸움을 싸울 수 있어야 하는 것입니다.

6. 요단 동편의 세 지파의 응답을 살펴봅시다(16-18절).

그들은 대답하기를

"당신이 우리에게 명령하신 것은 우리가 다 행할 것이요 당신이 우리를 보내시는 곳에는 우리가 가리이다. 우리는 범사에 모세에게 순종한 것같이 당신에게 순종하려니와 오직 당신의 하나님 여호와께서 모세와 함께 계시던 것 같이 당신과 함께 계시기를 원하나이다. 누구든지 당신의 명령을 거역하며 당신의 말씀을 순종하지 아니하는 자는 죽임을 당하리니 오직 강하고 담대하소서"(16-18절)

라고 하였습니다. 곧 여호수아 1장의 마지막 단락으로서 요단 동편의 세 지파의 응답을 살피며 믿음의 사람은 하나님의 말씀에 대한 순종과 그 인도하심을 받아야 함을 알게 하십니다.

묵상

01 믿음의 사람들이 붙들어야 할 세 가지, 은혜, 믿음, 말씀에 관하여 나누어
봅시다.

02 모세의 뒤를 이은 여호수아의 심정에 관하여 나누어 봅시다.

03 요단의 세 지파를 통한 교훈을 나누어 봅시다.

되새김

하나님의 말씀은 우리들에게 은혜를 주시며, 믿음을 주시며, 약속을 주십니다.
하나님의 말씀 안에 있는 자는 하나님의 말씀에 대한 순종과 믿음의 싸움을 싸우
며, 더 나아가 그 말씀의 인도하심을 받는 삶을 살아가는 것입니다.

PART

02

여리고 정탐
2장1~24절

Key Point

여호수아는 가나안 정복의 시작으로 여리고를 점령하여 전진 기지로 삼기 위하여 먼저 그 성에 정탐꾼들을 보내게 됩니다. 이미 가데스 바네아에서의 모세의 정탐꾼들의 실패를 경험하였던 여호수아는 은밀하게 두 사람을 보내며 이들과 여리고 성의 라합과의 만남 속에서 하나님의 구속적인 은혜가 계시됩니다.

이전의 싯딤은 음행의 장소였습니다(민 25장). 그러나 여호수아의 믿음으로 그곳은 거룩한 장소로 기억되게 됩니다.

여호수아는 이전에 12명의 정탐꾼 중의 한 사람으로서 가데스 바네아에서 여리고 성을 정탐하였으나 이번에는 정탐꾼을 파송하는 위치에 서게 됩니다.

자신의 일에 충성된 사람은 하나님께서 높이시는 것입니다. 수종드는 사람으로 하여금 하나님께서는 이제는 수종을 받는 사람이 되게 하신 것입니다. 여호수아는 충성된 사람이었습니다. 다른 모든 사람들이 다 불신앙으로 말미암아 광야에서 멸망된 사람이 되었으나 그는 충성된 사람으로서 믿음의 사람으로서 살아남았고 더 나아가 이스라엘을 이끌고 가나안에 들어가는 지도자가 되었습니다.

여호수아 2장은 여호수아에 의한 두 정탐꾼의 파송으로 시작하고 귀환으로 마칩니다. 그러나 여호수아 2장은 여호수아의 이야기도, 두 사람의 정탐꾼들의 이야기도 아닙니다. 여호수아는 잠시 가리어졌으며, 가데스 바네아에서 뛰어난 믿음을 보여준 두 사람의 정탐꾼들과 달리 싯딤에서 파송된 두 사람의 정탐꾼들이 주도적인 역할을 하지 않습니다.

여호수아 2장만큼은 여호수아도 두 사람의 정탐꾼들도 주인공이 아닌 새로운 한 인물을 소개합니다. 그녀는 라합입니다.

출애굽기의 시작에 있어서 애굽의 왕의 이름은 알 수 없으나 애굽의 왕 바로의 억압 가운데 히브리 종들의 아이들을 살렸던 두 히브리 산파 십브라와 부아의 이름을 기록하셨듯이 여리고 성의 한 여인의 이름이 기록되었습니다. 마치 부자와 거지 나사로의 예처럼(눅 16장:19-20), 라합의 이름은 선명하게 기록되었습니다. 출애굽기의 두 산파는 하나님을 경외하였던 히브리 사람들임에 반하여, 여기에 라합은 이방의 여인이었습니다. 출애굽기의 여인들이 산파임에 반하여 라합은 기생된 여인이었습니다(약 2:25). 그러나 히브리 산파들이 히브리 종들의 생명을 살렸듯이 라합은 이스라엘의 두 정탐꾼들을 살렸습니다. 하나님께서 히브리 산파의 집안을 흥왕케 하셨듯이(출 1:21), 하나님께서는 멸망하는 날에 라합의 집안을 살리셨을 뿐만 아니라(수 6:25), 그녀는 영광스럽게 예수 그리스도의 족보 가운데 그 이름을 새겨졌습니다.

"살몬은 라합에게서 보아스를 낳고 보아스는 룻에게서 오벳을 낳고 오벳은 이새를 낳고"(마 1:5)

더욱 귀하게 주목해 보아야 할 것은 라합이 두 사람의 정탐꾼들을 숨기고 살렸다는 것보다도 그의 행위를 통해서 하나님께서는 구속사적인 그림자를 남기셨다는 것입니다.

"라합이 이르되 너희의 말대로 할 것이라 하고 그들을 보내어 가게 하고 붉은 줄을 창문에 매니라"(21절)

여호수아 2장에서는 하나님께서는 이 라합을 통해서 보이시는 바를 주목해 보아야 할 것입니다.

■ 여호수아 2장의 구조적 이해
　　수 2:1: 여호수아가 두 명의 정탐꾼을 여리고에 보냄
　　수 2:2: 정탐꾼 잠입이 탄로남
　　수 2:3-7: 라합이 정탐꾼들을 구해줌
　　수 2:8-11: 라합의 신앙고백
　　수 2:12-14: 라합과 정탐꾼의 언약
　　수 2:15-21: 라합의 조언과 언약의 재확인
　　수 2:22-24: 정탐꾼들의 귀환과 보고

1. 여호수아는 어디에서 정탐꾼들을 보내었습니까?(1절)

　눈의 아들 여호수아는 '싯딤'에서 두 사람을 정탐으로 가만히 보내며 그들에게 이르되 가서 그 땅과 여리고를 엿보라 하였습니다. 이미 가데스 바네아의 경험을 가진 여호수아는 이들의 정탐으로 말미암아 어려움을 당치 않기 위하여 가만히 보낸 것으로 보입니다. 이는 지도자의 사려 깊은 행위라 아니할 수 없는 것입니다.

앞에 있는 것은 여리고입니다. 그러나 여호수아의 마음에는 가나안의 온 땅이 있는 것입니다. 그러므로 여호수아는 그 땅과 여리고를 엿보라고 하였습니다. 믿음은 바라는 것들의 실상이라 하였습니다. 믿음은 바라보는 것입니다. 하나님께서 이미 약속한 땅을, 온 땅을 바라보는 것입니다.

2. 정탐꾼들이 유숙했던 곳은 어디입니까?(1절)

하나님께서는 정탐꾼들을 라합이라는 기생의 집으로 인도하셨습니다.

성경에서 가장 로맨틱한 이야기를 보통은 룻과 보아스의 이야기로 알고 있지만 룻과 보아스의 이야기 이전의 이야기가 있습니다. 바로 라합과 살몬의 이야기입니다. 사실 살몬과 라합이 어떻게 만났는지 성경을 통해서 확실히 증거되는 바는 없습니다. 그러나 오랜 전통 속에서 생각되는 바 살몬은 여호수아가 여리고 정탐 때에 보낸 두 사람의 정탐군 중의 한 사람이라고 여겨지고 있습니다. 참으로 로맨틱한 이야기이지 않을 수 없습니다.

이처럼 라합은 죽음과 멸망의 도성 여리고에서 정탐꾼들을 살려줌으로 말미암아 그의 가족들이 구원을 받았을 뿐만 아니라 살몬과 결혼하고 자녀를 낳아 보아스를 낳고 보아스는 룻에게서 오벳을 낳고 오벳은 이새를 낳고 이새는 다윗을 낳음으로 말미암아 비천한 한 여인 라합이 다윗에게 이르는 왕족의 혈통을 생산케 되며 더 나아가 이 비천한 여인이 아브라함으로 시작해서 다윗을 거처 예수 그리스도에 이르는 예수 그리스도 메시야 계보에 속한 자가 되었다는 것을 참으로 놀라운 사실이 아닐 수 없습니다.

이러한 변화는 라합에게만 있는 이야기가 아닙니다. 우리가 세상과 죄에 속한 자가 되었더니 그리스도의 구속의 속죄하심으로 말미암아 우리로 그리스도께 속한 자가 되게 하시고 우리로 하나님의 자녀가 되게 하신 것은 바로 이러한 영광을 잘 보여주시는 것입니다.

3. 라합의 정탐꾼들을 보호함을 살펴봅시다(2-7절).
두 명의 정탐꾼들은 비밀리에 여리고 성에 들어갔음에도 불구하고 그들의 행로는 발각되었습니다. 2절 말씀은

"어떤 사람이 여리고 왕에게 말하여 이르되 보소서 이 밤에 이스라엘 자손 중의 몇 사람이 이 땅을 정탐하러 이리로 들어왔나이다"

라고 전하고 있습니다. 더 나아가 여리고 왕은 이 두 명의 정탐꾼들이 여리고 성 기생 라합의 집에 유숙하였다는 구체적인 정보까지 입수하였다는 것을 알게 됩니다. 이것은 매우 긴박한 순간입니다. 위험한 순간입니다. 그러나 우리는 이러한 일의 진행이 철저하게 하나님의 섭리 속에 있음을 바라볼 수 있는 눈을 가져야 할 것입니다. 만일 이 두 명의 정

탐꾼들의 행적이 아무에게도 알려지지 않았더라면 우리는 라합의 믿음에 관하여 살펴볼 수 없을 것입니다. 그리고 라합의 가족은 여리고 성이 진멸되던 날에 그들 또한 진멸되고 말 것입니다. 라합의 입장에서 뒤돌아보면 두 명의 정탐꾼들의 행적이 알려진 것이 라합에게 축복이 된 것입니다. 우리는 우리들의 삶 가운데 어려움을 통해서 하나님께서 이루실 섭리가 있음을 고백하여야 할 것입니다. 우리는 인간의 이성으로 이것을 납득하지 못한다 할지라도 여전히 우리들의 삶을 주장하시는 하나님에 관하여 신뢰하여야 할 것입니다. 그리고 우리들의 사는 날 동안 그 의미를 깨닫지 못한다고 할지라도 우리는 여전히 하나님을 신뢰하여야 할 것입니다. 모든 일은 하나님 나라에서 밝혀질 것입니다. 그 품 안에서, 하나님께서는 반드시 우리 각 사람을 칭찬하여 주실 것입니다.

여리고 왕은 라합에게 기별하여 그 집에 유숙하는 자들을 끌어내라 하였으나 라합은 그들을 숨기며 말하기를

"과연 그 사람들이 내게 왔었으나 그들이 어디에서 왔는지 나는 알지 못하였고 그 사람들이 어두워 성문을 닫을 때쯤 되어 나갔으니 어디로 갔는지 내가 알지 못하나 급히 따라가라 그리하면 그들을 따라 잡으리라"(4-5절)

라고 하였습니다. 라합은 실상으로 이미 그 두 사람을 숨기되 그 지붕에 벌여 놓은 삼대에 숨겼습니다. 이에 사람들은 요단 길로 나루터까지

따라갔고 그 따르는 자들이 나가자 곧 성문을 닫았습니다.

4. 라합의 신앙고백을 살펴봅시다(8-11절).

라합은 여호와께서 가나안 땅을 이스라엘에게 주신 줄을 알았고, 그들이 애굽에서 나올 때에 홍해 물을 마르게 하신 일과 요단 저편에 있는 아모리 사람의 두 왕 시혼과 옥에게 행한 일을 들었습니다. 이에 라합은 고백하기를 "너희의 하나님 여호와는 위로는 하늘에서도 아래로는 땅에서도 하나님이시니라"(11절)라고 있습니다. 그녀는 이방인으로서 놀라운 하나님에 대한 지식과 신앙을 소유하고 있었던 것입니다.

① 지식

라합은 세상에 속한 자였지만 놀라운 하나님에 대한 앎의 지식이 있었습니다. 라합은 정탐꾼들에게 이렇게 고백합니다.

"여호와께서 이 땅을 너희에게 주신 줄을 내가 아노라"(9절)

비록 라합은 이전에 세상에 속한 자였음에도 불구하고 하나님에 대한 앎의 지식이 있었습니다. 우리에게도 결코 적지 않은 하나님의 앎의 지식이 있습니다. 아마도 우리에게는 저 라합과는 비교도 되지 않는 하나님의 앎의 지식이 있을 것입니다. 그러나 우리가 라합과 비교해야 할 것이 있습니다. 그것은 라합의 하나님을 아는 지식은 그로 하여금 살리는, 그의 생명을 살리는 하나님을 앎의 지식이었습니다. 이제 우리의 하나님을 앎의 지식이 신앙 안에서 나를 교만하게 하는 앎의 지식인지 아니면 진실로 내 영혼을 살리는 하나님을 앎의 지식인지 돌아보아야 할 것입니다.

우리에게 작은 하나님의 앎의 지식이 있다면 그것은 복된 것입니다. 이제 우리는 우리가 가진 이 지식적인 앎은 썩은 지식의 앎이 아니라, 부끄러운 지식의 앎이 아니라, 헛된 지식의 앎이 아니라 우리들의 삶의 변화를 이끌 수 있는 그러한 지식의 앎이 되어야 할 것입니다.

② 두려움
라합의 믿음은 하나님을 두려워하는 믿음이었습니다. 그가 속한 도성은 멸망될 도성이었습니다. 이제 멸망의 도성에 속해 사는 자 라합은 하나님을 향하여 두려운 마음을 가졌고 그 두려움이 결국 그녀로 하여금 멸망의 날에 구원을 받게 한 것입니다. 우리들 또한 세상이라는 멸망의 도성 가운데 살고 있음을 깨달아야 할 것입니다. 그리고 우리는 저 라합이 건짐을 받은 것과 마찬가지로 하나님을 두려워함으로 건짐을 받는 자들이 되어야 할 것입니다.

5. 라합의 정탐꾼들과 맺은 언약을 살펴봅시다(12-21절).
라합의 이야기가 가치가 있는 보다 중요한 이유가 있습니다. 그것은 이 이야기 속에 라합의 빛나는 믿음이 있기 때문이 아닙니다. 그보다 더 빛남을 성경 속에서 살펴볼 수 있어야 할 것입니다. 그것은 이 라합의 이야기 속에 우리 주 예수 그리스도의 구속의 예표가 나타나기 때문입니다. 이것은 참으로 진정으로 가치 있는 이야기가 되는 것입니다. 우리는 라합의 믿음을 보면서 교훈을 얻습니다. 그러나 더 중요하게 이 라합의 이야기 속에서 예수 그리스도의 구속의 모습을 살피는 것입니다.

라합은 두 명의 정탐꾼들을 보호하며 그들에게 한 가지를 자신에게 약조할 것을 요구합니다. 그것은 진멸의 날에 그녀의 아버지의 집에 선대하여 그녀에게 속한 모든 사람들을 죽음에서 건져내기로 하나님께 맹세하고 진실한 표를 내라는 것이었습니다. 이에 두 사람의 정탐꾼들은 표로서 정탐꾼들이 창에서 줄로 내리운 붉은 줄을 창에 내리우고 라합의 부모와 형제와 그 모든 사람들을 다 그 집에 모으라 하였습니다. 그리고 그 집에 있는 자는 사망의 날에 죽음에서 건짐을 받을 것을 약속하였습니다.

이것은 무엇입니까? 애굽의 죽음의 사자가 애굽의 모든 장자를 치는 날에 좌우 문 설주와 인방에 피가 묻혀 있는 집은 죽음을 면케 하였습니다. 이는 예수 그리스도의 속죄의 피로 말미암아 그 집이 구원을 받음을 예표하는 것이었습니다. 이는 예표이며 더 깊이 들어가서 오늘날 우리들이 예수의 피로 말미암아 구원을 받는 것과 마찬가지로 구약의 사람들도 예수의 피로 말미암아 속죄함을 얻음을 보여주시는 것입니다. 라합이 내린 붉은 줄은 바로 예수 그리스도의 피를 나타내는 것입니다. 진실로 하나님께서는 이 라합의 구원의 이야기를 통해서 한 사람 라합의 믿음의 교훈을 보여주심에서 멈추지 아니하고 이를 통해서 더 깊이 있게 하나님의 구속의 역사까지 우리들 가운데 보여주신 것입니다.

영화의 마지막 장면은 그 영화의 모든 것을 마치 하나의 장면에 담는 것입니다. 이것이 바로 좋은 영화인 것입니다. 라합의 이야기의 마지막 장면은 붉은 줄로 끝이 나고 있습니다. 하나님께서 이 라합의 구원받은 이야기, 라합의 믿음의 이야기를 통해서 또한 참되게 보여주시기를 기뻐하시는 것은 바로 예수 그리스도의 구속의 은혜인 것입니다.

6. 정탐꾼들의 귀환 보고를 살펴봅시다(22-24절).

정탐꾼들은 라합의 말대로 산에 이르러 그들을 따르는 자들이 돌아가도록 사흘을 유하였다가 돌이켜 산에서 내려와 강을 건너 눈의 아들 여호수아에게 이르러 그 당한 모든 일을 고하였습니다. 그들은 여호수아에게 '진실로 여호와께서 그 온 땅을 우리 손에 주셨으므로 그 땅의 모든 주민이 우리 앞에서 간담이 녹더이다'라고 보고하였습니다.

묵상

01 가데스 바네아의 정탐꾼들과 싯딤에서의 정탐꾼들을 비교하여 봅시다.

02 기생 라합과 연관된 신약의 구절들을 다 찾아보고 이에 대한 각각의 교훈을 정리하여 봅시다(마 1:5, 히 11:31, 약 2:25)

03 기생 라합의 신앙과 구원을 통해서 성경이 가르치시는 바는 무엇입니까?

되새김

여리고 정탐이라는 한 사건 속에서 라합의 도움과 구원에 대한 약속은 다시 한 번 그리스도의 구속적인 은혜에 대한 계시적 가르침을 전하여 줍니다. 이방 여인 라합의 구원은 이방에 대한 하나님의 구원의 섭리를 보여주며 더불어 그 집에 매여 내렸던 붉은 줄은 복음 안에서 외인 되었던 모든 사람들을 향한 예수 그리스도의 구속의 은혜를 보여주시는 것입니다. 구원은 곧 유월절 어린양의 피가 묻었던 집과 붉은 줄이 내린 라합의 집과 같이 그리스도께 속한 자들에게 주어지는 것입니다.

P A R T

03

요단 도하
3장1~17절

Key Point

여리고 성의 정탐에 이어 3장과 4장은 요단강 도하에 관한 내용을 중심으로 하고 있습니다. 즉 3장은 그 중심을 언약궤에 두고 있는 반면 4장은 기념비에 중심을 두고, 3장은 요단강이 끊김에 중심을 둔 반면 4장은 끊긴 요단이 다시 흘러넘침에 중심을 둡니다. 하나님께서는 한편으로는 이처럼 큰 이적을 통해 여호수아의 권위를 높이며 다른 한편으로는 백성들에게 그들이 장차 밟을 가나안 땅에 대하여 더욱 기대케 하셨습니다.

모세를 계승한 여호수아는(1장), 싯딤에서의 여리고성 정탐(2장) 후에 마침내 요단강을 건너게 됩니다(3장). 홍해를 건널 때와 요단강을 건널 때의 모습은 사뭇 다릅니다. 그들은 쫓기며 애굽을 떠났으나 이제는 취하기 위하여 가나안 땅으로 들어가는 것입니다. 이전에는 종 되었으나 이제는 다스리는 자가 될 것입니다. 애굽을 떠날 때에 이스라엘의 모습과 시내 산을 떠날 때의 이스라엘이 모습은 달랐습니다. 애굽을 떠날 때에 이스라엘의 모습과 시내 산을 떠날 때의 이스라엘의 모습이 달랐다면 또한 시내산을 떠날 때의 이스라엘의 모습과 요단강을 건너는 이스라엘은 달랐습니다. 시내 산을 떠난 이스라엘은 출애굽 세대였지만 요단강을 건너는 이스라엘은 광야 세대였습니다. 시내 산을 떠난 세대의 사람들은 그들의 연약함과 불신앙으로 광야에서 넘어지고 가나안 땅에 들어가지 못하였으나 요단강을 건넌 광야 세대의 사람들은 마침내 가나안 땅을 정복하였습니다.

싯딤에서 떠나 요단에 이른 이스라엘은 사흘간 요단에서 유숙하고 마침내 요단강을 건넙니다. 그들은 두 가지의 명령을 받습니다. 곧 언약궤를 따를 것과 자신을 성결케 하는 것입니다. 이 두 가지 명령은 가나안 정복 전쟁에 앞선 두 가지 명령이며 진정한 싸움이 됩니다. 참 싸움은 가나안의 여러 성과의 싸움이 아닌 진정으로 말씀을 따르는 것이며 자신을 성결케 하는 것입니다.

하나님께서는 요단 강을 건너기에 가장 좋지 않은 시기에 이스라엘 백성들을 요단으로 인도하셨습니다. 요단의 물은 언덕까지 넘쳤습니다(수 3:15). 그러나 이때가 하나님의 능력과 역사를 가장 선명하게 드러내는 때이며, 그들 가운데 양식을 공급하시는 이스라엘 가운데 가장 적절한 때였습니다.

"요단이 곡식 거두는 시기에는 항상 언덕에 넘치더라"(수 3:15)

■ 여호수아 3장의 구조적 이해

수 3:1-6: 요단 강 도하 준비
수 3:7-13: 요단 강 도하에 대한 지시
수 3:14-17: 백성들의 요단 강 도하

1. 요단 강 도하 준비를 살펴봅시다(1-6절).

1) 싯딤에서 떠나 이스라엘 백성들이 유숙한 곳은 어디입니까?(1절)
여호수아가 아침에 일찍 일어나서 이스라엘 사람들로 더불어 '싯딤'에서 떠나 '요단'에 이르러서는 건너지 아니하고 거기서 3일간 유숙하였습니다.

2) 요단에서 이스라엘이 3일간 유숙하였던 이유는 무엇입니까?(2절)

이스라엘은 요단에서 3일간 머물며 요단 도하를 준비할 수 있었습니다. 그들은 이 순간을 40년 동안 기다렸지만 서두르지 아니하고 요단 도하를 준비하였던 것입니다. 그러나 더 큰 의미가 여기에 있습니다. 곧 요단은 죽음을 상징적으로 보여주는 것입니다. 하나님께서는 요단에서 이스라엘을 3일간 머물게 하심으로 그리스도의 부활을 예표적으로 보이시는 것입니다.

3) 여호수아의 관리들을 통한 백성들에게 향한 첫 번째 명령은 무엇이었습니까?(3-4절)

사흘 후에 관리들은 백성에게 명령하였습니다(3절). 그러나 이 명령은 여호수아가 백성들에게 명령한 것입니다. 그러므로 백성들은 관리들의 명령을 들을 때에 여호수아의 명령인 것을 알았습니다. 더 나아가 여호수아가 명령하였으나 이 또한 여호수아 자신의 명령이 아닌 하나님의 명령인 것입니다(7절). 믿음의 사람들은 하나님께서 세우신 영적인 질서를 따라 하나님의 인도하심을 받습니다. 오늘 나는 누구를 통해서 하나님의 인도하심을 받습니까?

관리들은 이스라엘 백성들에게 레위 사람 제사장들이 하나님 여호와의 언약궤 메는 것을 보거든 그들의 머무는 곳을 떠나 그 뒤를 따르라 명하였습니다. 그러나 백성과 언약궤 사이의 거리가 2천 규빗 떨어져 가까이는 하지 말라 하였습니다. 2천 규빗은 900m의 거리로 약 1km를 떨어져 있게 하였습니다. 이 2천 규빗을 통해서 하나님의 임재를 가시적으로 보여주는 언약궤에 대한 경외감을 주는 동시에 사람들로 하여금 언약궤를 충분히 바라볼 수 있게 하셨습니다.

4) 여호수아의 백성들에게 향한 두 번째 명령은 무엇입니까?(5절)

두 번째 명령은 백성들로 스스로 성결케 하라는 것입니다. 하나님의 임재와 역사는 성결된 곳에 임하는 것입니다. 하나님의 임재와 역사를 준비하는 이스라엘은 마땅히 성결함으로 준비하여야 했습니다. 곧 요단강을 건너며 여호수아는 백성들에게 언약궤를 따를 것과 자신을 성결하게 할 것을 명령하였습니다.

5) 여호수아의 제사장들에게 향한 명령은 무엇입니까?(6절)

여호수아는 제사장들에게 언약궤를 메고 백성 앞서 나아가라고 명하였습니다.

2. 여호수아의 요단 강 도하에 대한 지시를 살펴봅시다(7-13절).

1) 하나님께서 여호수아에게 약속하신 바와 명령은 무엇입니까?(7-8절)

하나님께서는 여호수아에게 오늘부터 시작하여 너를 온 이스라엘의 목전에서 크게 하여 내가 모세와 함께 있던 것 같이 너와 함께 있는 것을 그들로 알게 하리라고 약속하셨으며 여호수아에게 명하시기를 너는 언약궤를 멘 제사장들에게 명하여 이르기를 너희가 요단 물 가에 이르거든 요단에 들어서라 하라 하셨습니다.

요단 강 도하의 이적은 하나님께서 여호수아를 통해서 이루신 첫 번째 이적 사건임과 동시에 하나님께서 이스라엘의 새로운 지도자로 여호수아를 세우셨음을 가시적으로 나타내신 사건이 됩니다. 이는 여호수아의 영적인 탁월함 이전에 하나님께서 지도자를 세우심으로 백성들을 이끄시는 하나님의 역사가 되는 것입니다.

2) 여호수아가 백성들에게 전한 하나님의 말씀은 무엇입니까?(9-13절)
여호수아는 백성들에게 이르기를

"살아 계신 하나님이 너희 가운데에 계시사 가나안 족속과 헷 족속과 히위 족속과 브리스 족속과 기르가스 족속과 아모리 족속과 여부스 족속을 너희 앞에서 반드시 쫓아내실 줄을 이것으로서 너희가 알리라 보라 온 땅의 주의 언약궤가 너희 앞에서 요단을 건너가나니 이제 이스라엘 지파 중에서 각 지파에서 한 사람씩 열두 명을 택하라 온 땅의 주 여호와의 궤를 멘 제사장들의 발바닥이 요단 물을 밟고 멈추면 요단 물 곧 위에서부터 흘러내리던 물이 끊어지고 한 곳에 쌓여 서리라"(9-13절)

라고 말하였습니다.

3. 이스라엘 백성들의 요단 강 도하를 살펴봅시다(14-17절).
이스라엘 백성들은 곡식 거두는 시기 곧 항상 요단 강 물이 언덕에 넘치는 그 시기에 오히려 하나님의 이끄심과 명하심에 순종하여 언약궤를 멘 제사장이 백성 앞에서 나아갔습니다. 궤를 멘 자들이 요단에 이르며 그들의 발이 물 가에 잠기자 위에서부터 흘러내리던 물이 그쳐서 사르단에 가까운 매우 멀리 있는 아담 성읍 변두리에 일어나 한 곳에 쌓이고 아라바의 바다 염해로 향하여 흘러가는 물은 온전히 끊어졌습니다. 여호와의 언약궤를 멘 제사장들은 요단 가운데 마른 땅에 굳게 섰고 온 이스라엘 백성들은 마른 땅으로 행하여 요단을 건넜습니다.

묵상

01　언약궤가 먼저 요단 강에 들어감을 통한 교훈은 무엇입니까?

02　싯딤에서 요단의 유숙과 도하의 과정을 통한 믿음의 교훈들은 무엇입니까?(부지런함, 인도, 성결, 믿음)

03　요단 강 도하가 이스라엘 백성들에게 주신 교훈은 무엇입니까? 또한 이스라엘의 요단 강 도하가 오늘날 믿음의 성도들에게 주시는 교훈은 무엇입니까?

되새김

출애굽 40년 만에 드디어 이스라엘은 요단 강을 건너게 되었습니다. 죽음을 이기신 예수 그리스도로 말미암아 우리 또한 이 죽음의 강을 건너면 하나님 나라에 이르게 되는 것입니다. 저 이스라엘 백성들이 요단 강을 건넘을 바라보며 우리는 주께서 우리들에게 허락한 세월이 흘러 주의 나라에 들어가기까지 이 땅의 삶을 믿음의 삶, 나그네 된 삶, 순례자적인 삶을 살아가야 할 것입니다. 우리들의 영원한 본향은 이 땅에 속한 것이 아니라 저 하늘에 도성에 있기 때문입니다.

PART

04

요단 강 도하 기념비
4장1~5장1절

Key Point

앞선 과에서 살펴본 바와 같이 3-4장은 요단 도하와 관련이 있습니다. 같은 사건을 이중적인 관점으로 전하는 두 장을 통해서 요단 도하의 중요성을 강조하고 있습니다. 이전 과에서는 홍해 도하에 앞서 이루어진 하나님의 2가지 명령에 관하여 주목한다면 이번 과에서는 하나님의 능력으로 이루어진 사건을 기념화하고 기억하는 것입니다.

여호와의 종 모세를 계승한 여호수아는(1장), 싯딤에서 여리고 성 정탐(2장) 후에 요단을 건넜습니다(3장). 그러나 이제 계속적인 진행 전에 그들 가운데 행할 일이 있었습니다. 그것은 요단 도하의 길을 기념하는 일입니다. 신앙은 기억하는 것입니다. 기억을 잃어버림이 바로 불신앙이 되는 것입니다. 기억은 어제의 사건을 오늘 사건화하는 것입니다. 과거의 일이 과거의 일로 묻히는 것이 아니라 동일한 오늘의 일로 고백함이 있어야 하는 것입니다. 주님께서도 십자가의 사건을 성만찬의 예식을 통해서 기념하게 하셨습니다. 요단을 건넌 이스라엘이 12개의 돌을 세워 이 사건을 잊지 않고 기억하려고 하였다면 오늘날 우리들은 더욱더 십자가의 구속을 기념하고 기억하여야 할 것입니다.

요단 강을 중심으로 이루어진 3-4장은 각기 다른 관점을 전합니다. 먼저 3장의 시작은 요단 강 이전에 그들의 유숙에 관하여 전합니다.

"또 여호수아가 아침에 일찍이 일어나서 그와 모든 이스라엘 자손들과 더불어 싯딤에서 떠나 요단에 이르러 건너가기 전에 거기서 유숙하니라"(수 3:1)

그러나 4장은 요단을 건넌 후에 관한 말씀으로 시작합니다.

"그 모든 백성이 요단을 건너가기를 마치매 여호와께서 여호수아에 게 말씀하여 이르시되"(수 4:1)

3장은 요단 강을 건너기 전에 그들에게 주어진 두 가지 명령을 전하 며, 하나님께서 행하신 능력에 관하여 보게 하십니다. 4장은 3장에서 행하신 하나님의 능력을 기념하는 것입니다.

앞서 3장에서 각 지파에서 한 명씩 12명이 택하여졌습니다. 3장에서 는 구체적으로 이들이 어떠한 일을 했는지 알 수 없습니다. 그러나 4장 에서는 이들이 행한 두 가지를 보게 합니다. 그들이 요단 강 중심 곧 언 약궤를 멘 제사장들이 있었던 그 자리에 12개의 돌을 세웠고 또 다른 12개의 돌을 그곳에서 택하여 그들이 유숙할 곳에 두었습니다.

■ 여호수아 4장1-5장1절의 구조적 이해
　　수 4:1-3: 여호와께서 여호수아에게 요단 강의 열 두 돌을 취하라 명하심
　　수 4:4-5: 여호수아가 이스라엘 자손에게 열 두 돌을 취하라 명령함
　　수 4:6-7: 열 두 돌의 표징
　　수 4:8: 열 두 돌을 유숙할 곳에 둠
　　수 4:9: 요단 가운데 세워진 열 두 돌
　　수 4:10-11: 백성이 건넌 후 언약궤와 제사장들이 요단을 건넘
　　수 4:12-13: 르우벤, 갓, 므낫세 반 지파의 용서들이 앞서 건넘

수 4:14: 여호와께서 여호수아를 크게 하심

수 4:15-18: 언약궤를 멘 제사장들의 요단 도하

수 4:19-20: 길갈에 기념비를 세움

수 4:21-24: 자녀들에게 기념비의 의미를 전수 명령함

수 5:1: 가나안 왕들의 두려움

1. 기념비를 세우시기 위하여 12돌을 취함을 살펴봅시다(1-9절).

1) 12돌은 누가 어디에서 취하였습니까?(1-5절)

하나님의 명령에 의해서 백성의 매 지파에서 한 사람씩 택한 12 사람들이 요단 가운데 제사장들의 발이 굳게 선 그곳에서 12 돌을 취하고 그것을 가져다가 그 밤의 유숙할 그곳에 두었습니다.

2) 12 돌의 표징은 무엇입니까?(6-8절)

요단 물이 여호와의 언약궤 앞에서 끊어졌었으니 곧 언약궤가 요단을 건널 때에 요단 물이 끊어졌음으로 이 돌들이 이스라엘 자손에게 영영한 기념이 되었습니다. 이 기념비는 이스라엘 자손에게 이 일의 표징으로 남게 되었습니다.

3) 여호수아가 요단 가운데 세운 열 두 돌이 주는 교훈은 무엇입니까?(9절)

여호수아가 요단에서 가져온 열 두 돌을 길갈에 세우기 전에(20절), 여호수아는 또 다른 12개의 돌을 요단 가운데 곧 언약궤를 멘 제사장들

의 발이 선 곳에 세웠습니다. 비록 이 돌들이 요단 강의 흐름으로 잠길지라도 이 돌들은 이스라엘의 마음에 세워질 것이며 더욱이 간혹 강물의 수심이 낮아질 때면 드러나는 돌들로 통해 더욱 확실하게 하나님께서 이스라엘 가운데 행하신 일을 기억하게 하였을 것입니다.

2. 요단 도하의 자세한 장면을 살펴봅시다(10-18절).

여호수아 3장14-17절에서 이미 언급된 요단 도하의 장면이 다시 4장10-18절에서 반복되고 있습니다. 이는 요단 도하의 또 다른 의미를 우리들에게 자세히 전해주시는 것입니다. 곧 3장에서는 요단의 끊김에 대한 말씀 속에서 하나님의 권능이 나타나며, 4장에서는 이에 이어서 백성이 모두 지나간 후에 요단이 도로 흘러 여전히 언덕에 넘침에 있어 하나님의 권능이 나타나고 있는 것입니다.

3. 길갈에 세워진 기념비를 살펴봅시다(4장19절-5장1절).

1) 기념비가 세워진 때와 장소를 살펴봅시다(19-20절).

정월 십 일에 백성이 요단에서 올라와서 여리고 동쪽 경계 길갈에 진치며 여호수아가 그 요단에서 가져온 열 두 돌을 길갈에 세웠습니다.

2) 이스라엘의 가정교육에 관하여 살펴봅시다(21-22절).

앞선 6절 이하의 말씀은 이스라엘 12 지파에서 택하여진 12 사람들에게 주신 말씀이라면 반복해서 이번에는 온 이스라엘 자손에게 그들의 자손들에게 가르쳐야 할 바에 관하여 말씀합니다. 이러한 반복된 말씀은 가정교육의 중요성에 관하여 이중적으로 강조하시는 것입니다.

이스라엘의 가정 교육은 그들의 역사적 사실들에 대한 구체적인 시각적인 자료를 남겨둠으로 이루어졌습니다. 히브리 교육에 있어서 가정 교육은 매우 중요시 되었으며 하나님 언약의 전승은 바로 이 가정을 중심으로 해서 이루어진 것입니다.

3) 요단 강의 이적의 목적은 무엇입니까?(23-24절)
요단 강의 이적은 홍해의 이적과 같은 목적으로서 첫째 땅의 모든 백성으로 여호와의 손이 능하심을 알게 하며 둘째, 이스라엘로 그들의 하나님 여호와를 영원토록 경외하게 하려 하심입니다.

4) 요단 강의 이적에 대한 가나안 족속들을 살펴봅시다(5장1절).
요단 서편의 아모리 사람의 모든 왕과 해변의 가나안 사람의 모든 왕이 여호와께서 요단 물을 이스라엘 자손들 앞에서 말리시고 그들을 건네셨음을 듣고 마음이 녹았고 이스라엘 자손들 때문에 정신을 잃었습니다.

묵상

01 이스라엘이 요단 강과 길갈에 세운 기념비의 의미에 관하여 생각해 봅시다.

02 이스라엘 백성들이 요단을 속히 건넌 이유는 무엇입니까?
이스라엘 백성들이 요단 강을 속히 건넌 것은 가나안 땅에 대한 약속의 성취가 그들의 바로 앞에 놓였기 때문입니다. 40년 전에 약속되었던 가나안 땅이 바로 그들 앞에 있었던 것입니다.

03 이스라엘 백성의 요단 도하와 관련된 모세의 후계자 여호수아를 높이심에 관하여 살펴봅시다(1:5,17, 3:7, 4:14,23).-여호수아와 모세 비교

되새김

구원사적으로 홍해의 도하는 죄로부터의 구원을 의미하며 요단 강의 도하는 하나님께로의 구원을 보여줍니다. 그 사건이 모두 하나님의 권능으로 이루어짐은 구원은 하나님께로부터 말미암음을 보이심입니다. 하나님께서는 홍해와 요단 강의 도하를 통해 모세와 여호수아를 높이셨으나 우리는 그들의 권위를 넘어 이 모든 능력이 하나님께로부터 말미암음을 고백할 수 있어야 하겠습니다.

PART

05

제3차 신앙의 오리엔테이션
5장2~15절

Key Point

5장은 크게 세 부분으로, 여리고 점령 전에 이스라엘 백성들이 길갈에서 행한 할례와 유월절 이야기와 여리고 가까이에서 여호와의 군대 대장을 만난 이야기로 구성되어 있습니다. 이미 그 마음이 녹았고 정신을 잃은 가나안 족속임에도 불구하고 이와 같은 할례와 유월절, 여호와의 군대 대장과의 만남은 전쟁의 승리가 하나님께로 말미암은 것임을 다시금 보여주며 믿음의 싸움이 무엇인지를 깨닫게 합니다.

본문 이해

요단 강을 건넌 자는 새로운 의미의 구원받은 자로 가르칩니다. 홍해를 건넘으로 말미암아 구원받은 자의 새로운 삶에 대한 교훈이 있고, 시내 산을 떠남으로 구원받은 자의 새로운 삶의 교훈이 있듯이 이제 요단 강을 건넌 자를 통해서 새로운 삶에 대한 교훈을 주시는 것입니다.

■ 출애굽기 13장: 제1차 신앙의 오리엔테이션

홍해를 건너기 전에 이스라엘은 세 가지 교훈을 받게 되는데 곧 무교절에 관한 교훈과 초태생에 관한 교훈과 불 기둥, 구름 기둥에 관한 교훈의 말씀입니다. 이는 제1차 신앙의 오리엔테이션이라 말할 수 있습니다.[1] 믿음의 삶을 시작함에 있어서 그들이 배워야 하고 새겨야 하며, 지켜야 할 세 가지 교훈에 관한 말씀입니다. 곧 무교절은 죄를 멀리함으로 하나님과 교제하는 삶에 관하여 교훈하며, 초태생 규례는 첫 것을 드림으로 하나님을 섬기는 법에 관한 교훈이며, 불기둥과 구름 기둥은 하나님의 인도하심, 특별히 성령의 인도하심을 받는 삶에 대한 교훈입니다.

---

1) 임경묵, 『출애굽기』(인천: 도서출판 다바르, 2022), 116-123쪽.

■ 민수기 9-10장: 제2차 신앙의 오리엔테이션

시내 산을 떠날 때에도 이스라엘은 먼저 유월절을 지키었습니다. 민수기 9장의 유월절은 출애굽 2년 1월 14일에 행하여진 두 번째 유월절에 대한 교훈의 말씀입니다. 사실 민수기의 시작의 말씀은 인구조사로, 출애굽 2년 2월 1일에 있었던 일입니다. 시간적으로 유월절의 지킴이 민수기 말씀에 가장 먼저 나오지 않고 시내 산을 떠나기 바로 전인 9장에서야 전하심은 민수기는 시간적인 순서가 아닌 신학적인 교훈적 의미로 구성되었기 때문입니다. 민수기 9-10장은 신앙의 제2차 오리엔테이션입니다.[2] 시내 산을 떠나는 하나님의 백성들이 어떠한 삶을 살아야 하는가에 관한 말씀입니다. 출애굽기의 말씀이 다소 개인적인 구원과 그 여정에 관하여 보여주신다면 민수기의 말씀은 보다 공동체적입니다. 어떻게 공동체를 세우는지를 보여주십니다. 신앙의 성숙은 개인에서 공동체로 가는 것입니다.

구체적으로 출애굽 하는 이스라엘에게 출애굽기 13장에서 세 가지의 말씀을 주심과 같이 민수기 9-10장에서도 세 가지 교훈을 하십니다. 곧 유월절과 불 기둥, 구름 기둥에 관한 말씀과 마지막으로 은 나팔 규례에 관한 말씀입니다. 민수기 9장의 유월절은 부정하게 된 사람들을 위한 두 번째 유월절(2월14일에 행함)에 관하여 소개합니다. 출애굽기의

---

2) 임경묵, 『민수기』(인천: 도서출판 다바르, 2020), 79-82쪽.

무교절이 죄를 멀리하는 교훈이라면 민수기의 유월절은 부득불 유월절을 지키지 못한 자들을 위하여 두 번째 유월절을 허락하였습니다. 이는 유월절 규례가 형식에 얽매이는 것이 아닌 그 정신을 지킴에 있으며 또한 공동체를 세움에 관심이 있음을 알게 하십니다. 두 번째 교훈인 불 기둥, 구름 기둥 또한 출애굽기 13장의 불 기둥, 구름 기둥의 교훈과 다른 내용을 가르칩니다. 출애굽기 13장의 내용이 매우 간략함에 반해 민수기 9장의 불 기둥 구름 기둥에 관한 말씀은 매우 상세하게 나옵니다. 불 기둥과 구름 기둥의 인도함을 받은 이스라엘의 모습은 이전과 달랐습니다. 이전에는 이스라엘 전체의 공동체가 움직였으나 개인적이었습니다. 그러나 이제는 조직이 세워지고 조직적으로 이동하였습니다.

"이스라엘 자손이 여호와의 명령을 따라 행진하였고 여호와의 명령을 따라 진을 쳤으며 구름이 성막 위에 머무는 동안에는 그들이 진영에 머물렀고"(민 9:18)

"이틀이든지 한 달이든지 일 년이든지 구름이 성막 위에 머물러 있을 동안에는 이스라엘 자손이 진영에 머물고 행진하지 아니하다가 떠오르면 행진하였으니 곧 그들이 여호와의 명령을 따라 진을 치며 여호와의 명령을 따라 행진하고 또 모세를 통하여 이르신 여호와의 명령을 따라 여호와의 직임을 지켰더라"(민 9:22-23)

이스라엘은 한 개인이 아닌 한 공동체의 한 몸이 되었습니다.

마지막 세 번째로 은나팔 규례는 하나님의 인도하심이 영적 지도자를 통해서 나타남을 통해서 그들의 인도에 또한 순종하여야 함을 가르칩니다. 공동체에는 지도자가 필요합니다. 자세한 내용은 민수기의 교재를 참고하시기 바랍니다.

■ 여호수아 5장: 제3차 신앙의 오리엔테이션

이스라엘은 가나안 입성, 곧 여리고 입성을 앞두고 길갈에 진 치며, 여리고 평지에서 세 번째 유월절을 행하게 됩니다. 지난 38년 동안 유월절에 대한 말씀이 없습니다. 광야에서 이스라엘이 과연 유월절을 지켰는가에 관하여서는 이견이 존재할 수 있습니다. 그러나 성경은 이에 관하여 침묵하고 있고 또한 새로운 세대인 광야 세대의 사람들은 길갈에서 할례를 받기 전까지 할례가 행하여지지 않았으므로 동일하게 유월절을 행하지 않았음에 무게가 더 실립니다. 더욱이 유월절/무교절에 먹어야 하는 무교병을 그들은 얻을 수 없었습니다. 그들은 광야 38년간 하늘의 신령한 음식인 만나를 먹었기 때문입니다.

세 번째 유월절에 관한 말씀이 여호수아 5장에 있습니다. 주목해야 할 것은 여호수아 5장에도 세 가지 이야기가 있다는 것입니다. 이는 제3차 신앙의 오리엔테이션입니다.

1. 할례에 관하여
2. 유월절에 관하여

3. 군대 대장에 관하여

출애굽 한 이스라엘에게 중요한 것은 개인적인 차원에서 하나님과의 관계가 중요하였습니다. 그곳에는 어떠한 조직이 없었습니다. 그들의 죄에 대한 심판이 없었습니다. 이는 그리스도인의 초기의 유아적인 삶에 대한 교훈입니다. 신앙의 어린 아이의 때를 교훈합니다.

그러나 민수기의 시내산 이후의 삶에는 조직이 있게 됩니다. 또한 이스라엘의 불평에 대한 심판의 말씀이 있습니다. 이는 믿음의 사람의 훈련됨에 대해서 교훈하시는 것입니다. 개인에서 공동체가 세워지고, 훈련됩니다.

여호수아의 말씀이 중요한 것은 더 이상 관계에 대한 말씀이 아닙니다. 더 이상 훈련에 관한 말씀이 아닙니다. 이제 실전을 앞두고 있기 때문입니다. 말씀은 반복해서 우리들이 행하여야 할 바에 관하여 말씀하심으로 우리들을 훈련시키십니다. 그리고 이제 실제적인 믿음의 선한 싸움을 싸우게 하시는 것입니다.

출애굽기 13장	민수기 9-10장	여호수아 5장
1. 무교절	1. 유월절	1. 할례
2. 초대생 규례	2. 불기둥 구름기둥	2. 유월절
3. 불기둥 구름기둥	3. 은 나팔	3. 여호와의 군대대장

■ 여호수아 5장2-15절의 구조적 이해

　　수 5:2-9: 길갈에서의 할례

　　수 5:10-12: 길갈에서의 유월절

　　수 5:13-15절: 여호수아와 여호와의 군대대장의 만남

1. 요단 도하 직후에 하나님께서 명하신 것을 무엇입니까?(2절)

　하나님께서는 여호수아에게 부싯돌로 칼을 만들어 이스라엘 자손들에게 다시 할례를 행하라 하셨습니다.

　할례는 자신의 육신을 벗어던지는 것과 같은 것입니다.

　"또 그 안에서 너희가 손으로 하지 아니한 할례를 받았으니 곧 육의 몸을 벗는 것이요 그리스도의 할례니라"(골 2:11)

2. 여호수아가 길갈에서 할례를 행한 이유는 무엇입니까?(3-7절)

　출애굽을 한 세대는 그들의 불순종으로 말미암아 광야에서 다 죽고, 그들의 대를 이은 자손들은 광야 길에서 할례를 행치 못하였으므로 할례 없는 자가 되었기 때문입니다.

　여호수아 5장의 세 가지 교훈 중의 첫 번째로 할례는 선한 싸움의 첫 번째가 무엇인지를 보여줍니다. 할례의 행위를 통해서 보이시는 선한 싸움은 바로 자기 부인입니다. 선한 싸움은 자신 안에서부터 시작되어

야 합니다. 우리들이 싸울 대상은 저 마귀와 세상 이전에 육이며, 자기 자신입니다.

"이에 예수께서 제자들에게 이르시되 누구든지 나를 따라오려거든 자기를 부인하고 자기 십자가를 지고 나를 따를 것이니라"(마 16:24)

3. 길갈의 기원과 그 뜻은 무엇입니까?(8-9절)

온 백성에게 할례 행하기를 마치매 백성이 진중 각 처소에 머물며 낫기를 기다릴 때에 하나님께서 여호수아에게 이르시기를 '내가 오늘날 애굽의 수치를 너희에게서 떠나게 하였다' 하셨음으로 그곳 이름을 '길갈'이라고 하였습니다. 길갈은 '굴러간다'는 뜻입니다.

4. 애굽의 수치는 무엇을 의미하는 것입니까?(9절)

애굽의 수치는 첫째, 이스라엘 백성들이 애굽에서의 노예 신분으로 겪은 수모 둘째, 이스라엘의 하나님이 그들을 광야에서 죽이기 위하여 자기 백성들을 광야로 인도하셨다는 모욕(출 32:12; 민 14:13-16) 셋째, 출애굽 한 이스라엘을 향하여 애굽을 반역하고 멍에를 벗어 버린 도망자들이라는 비난 등을 의미합니다.

5. 이스라엘이 길갈에서 행한 유월절을 살펴봅시다(10절).

성경에는 일곱 번의 유월절에 관하여 언급합니다. 첫째, 애굽에서(출 12-13장) 둘째, 광야에서(민 9장), 셋째, 가나안에 들어갔을 때(수 5장)

넷째, 히스기야 왕 때(대하 30장), 다섯째, 요시야 왕 때(대하 35장) 여섯 번째, 포로 귀환 후(스 6장) 마지막 일곱째는 신약에 나타나신 바 예수 그리스도께서 참된 유월절 어린 양으로 나타나신 것입니다.

가나안 정복에 앞선 할례와 유월절 행사를 통해서 가나안 정복은 그들 자신에 의한 것이 아니라 하나님의 자기 백성으로 구분하심과 하나님의 구원에 의한 선물임을 밝히십니다.

6. 이스라엘 백성들이 40년 동안 먹었던 만나는 언제 끊겼습니까?(11-12절)

이스라엘이 요단을 건넌 시기는 팔레스틴의 보리 수확기로서, 곡식 거두는 시기였습니다(수 3:15). 이스라엘 백성들은 유월절 이튿날에 그 땅 소산물을 먹되 그날에 무교병과 볶은 곡식을 먹었더니 그 땅 소산물을 먹은 다음 날에 만나가 그쳤습니다. 이스라엘 사람들은 다시는 만나를 얻지 못하였고 그 해에 가나안 땅의 소출을 먹었습니다.

이스라엘이 만나를 먹기 시작한 것은 출애굽 한 이스라엘이 한 달 만에 신 광야에 들어가 그곳에서 먹을 양식이 없어 원망하고 불평할 때에 이루어졌습니다. 곧 그들이 신 광야에 들어간 것은 출애굽 1년 2월 15일이며 만나가 내리기 시작한 것은 출애굽 1년 2월16일부터입니다. 따라서 마지막 만나가 내린 날은 출애굽 41년 1월15일이므로 정확하게 이스라엘은 39년 11개월 동안 광야 40년 동안 만나를 먹은 것입니다. 출애굽 한 한 달 동안은 애굽에서 가지고 나온 애굽의 양식을 먹었고 39년 11개월 동안은 만나를 먹었으며 그 이후에는 가나안 소산물을 먹었습니다. 애굽에서 가지고 나온 것을 먹은 것도 은혜며, 신령한 만나도 은혜며, 이후에 가나안에서 얻은 소산을 먹는 것도 은혜입니다.

여호수아 9장의 세 번째 유월절에 대한 교훈에서는 만나를 통한 교훈에 주목해 보아야 합니다. 곧 믿음의 삶은 세상에서 하나님의 이와 같은 신실하심을 믿는 것입니다. 믿음의 삶은 이 세상 가운데에서 하나님의 예비하심, 인도하심, 채우심을 신뢰하는 것입니다. 믿음의 선한 싸움은 자기를 부인하는 것이며, 이 세상에서 하나님을 신뢰하는 것입니다.

7. 여호수아와 여호와의 군대 대장과의 만남을 살펴봅시다(13-15절).

여호수아가 여리고에 가까웠을 때에 한 사람이 칼을 빼어 손에 들고 마주 서 있는 것을 보았습니다. 여호수아는 그에게 묻되 '너는 우리를 위하느냐 우리의 적들을 위하느냐'라고 말하자 그는 '아니라 나는 여호와의 군대 대장으로 지금 왔느니라'고 말씀하셨습니다. 이에 여호수아는 땅에 엎드려 절하고 내 주여 종에게 무슨 말씀을 하려 하시나이까라고 하였으며 여호와의 군대 대장은 여호수아에게 이르시기를 '네 발에서 신을 벗으라 네가 선 곳은 거룩하니라'고 말씀하시고 여호수아는 그대로 행하였습니다.

8. 여호와의 군대 대장은 누구입니까?

여호수아의 여리고 성 점령에 앞서 여호와의 군대 대장을 만남은 하나님께서 시내 산에서 모세에게 약속하신 바에 대한 성취의 말씀이 됩니다.

"내가 사자를 네 앞서 보내어 길에서 너를 보호하여 너를 내가 예비한 곳에 이르게 하리니 너희는 삼가 그의 목소리를 청종하고 그를 노엽게 하지 말라 그가 너희의 허물을 용서하지 아니할 것은 내 이름이 그에게 있음이니라 네가 그의 목소리를 잘 청종하고 내 모든 말대로 행하면 내가 네 원수에게 원수가 되고 네 대적에게 대적이 될지라 내 사자가 네 앞서 가서 너를 아모리 사람과 헷 사람과 브리스 사람과 가나안 사람과 히위 사람과 여부스 사람에게로 인도하고 나는 그들을 끊으리니"(출 23:20-23)

구약에 간혹 사람의 형상으로 나타나신 여호와의 군대 대장은 곧 제2위 하나님, 그리스도를 가리킵니다(창 16:7, 18:1, 32:24,30, 출 3:2,4). 그리스도는 구약에 때때로 하나님의 사자로 나타나셨는데 그리스도께서 이처럼 옛날에 인간의 형상으로 나타나신 것은 후에 하나님께서 육신으로 오심의 전조였습니다.

여호와의 군대 대장에 관한 말씀은 여호수아 5장의 세 번째 교훈입니다. 불 기둥 구름 기둥에 대한 이스라엘을 인도하심과(출 13장), 은나팔 규례를 통한 백성의 지도자들을 통한 인도하심에(민수기 10장) 이어 이 제 하나님의 군대 대장이 되시는 주 예수 그리스도의 인도하심이 있는 것입니다. 그는 우리들 앞서 싸우시며 우리들을 인도하시는 것입니다. 믿음의 선한 싸움은 자기를 부인하고, 이 세상에서 주를 신뢰하며 그분 의 인도하심을 따라 살 때에 이루어지는 것입니다.

묵상

01 요단 직후 가나안 사람들의 마음이 녹았을 때에 저들을 공격하지 않고 오히
려 할례와 유월절을 행한 이유는 무엇입니까?

02 길갈에서 만나가 그침이 주는 교훈은 무엇입니까?

03 여호수아와 군대 대장의 만남이 주는 교훈에 관하여 나누어 봅시다.

되새김

길갈에서 행한 이스라엘의 할례와 유월절 행사는 참된 전쟁은 육에 속한 것이
아님을 보여줍니다. 믿음의 선한 싸움은 곧 자기 부인이며, 세상 속에서 하나님
에 대한 신뢰이며, 여호와의 군대 대장이 되시는 그리스도의 인도하심을 받아
야 하는 것입니다.

PART

06

여리고 점령
6장 1~27절

Key Point

여호수아 6장은 가나안 정복 전쟁에 있어서 첫 번째 전투로서 그 교두보가 될 여리고 성의 점령에 대한 말씀입니다. 전투에 대한 하나님의 독특한 전략은 곧 하나님의 말씀에 대한 순종을 요구합니다. 어떠한 뛰어난 전략이 전쟁의 승리를 가지고 오는 것이 아니라 하나님의 말씀에 대한 순종이 전쟁의 승리를 가지고 오는 것입니다.

여호수아 1-5장은 가나안 정복 전쟁을 위한 준비였습니다. 싯딤에서 (1-2장) 요단을 건너(3장) 길갈에 이른(4-5장) 이스라엘은 가나안 정복 전쟁의 준비를 마치고 이제 본격적인 정복 전쟁을 시작하게 됩니다. 가나안의 정복은 크게 가나안 중부 점령(6-8장), 남부 점령(9-10장), 북부 점령(11-12장)으로 이루어지며 첫 번째 전쟁으로 가나안 중부 전쟁 중에 그 첫 성인 여리고에 이르렀습니다.

여호수아는 여리고 성의 싸움에 앞서 여호와의 군대 대장을 맞이하였습니다. 이스라엘 백성들이 여리고 성 싸움에서 행한 일은 다만 성을 돈 일밖에 없습니다. 즉 이 싸움은 사람으로 말미암은 것이 아닌 하나님께서 이스라엘 백성들 앞서 싸우심을 보이시는 것입니다. 이는 하나님의 구원의 특징입니다. 하나님께서 행하시는 싸움의 모든 전리품들은 결코 취할 수 없으며 다 진멸되어야 합니다. 이처럼 다 진멸됨으로 하나님께 바쳐지는 물건을 '헤렘'이라고 합니다. 만일 누군가 이 '헤렘'에 손을 대면 그 사람이 하나님께 '헤렘'이 되어서 하나님께 바쳐진 바 되는 것입니다. 구원에 있어 하나님의 구원 외에 어떠한 것을 더하는 곳에 바로 이러한 헤렘의 저주가 있게 될 것입니다.

■ 여호수아 6장의 구조적 이해

　　수 6:1-7: 여리고 점령 명령

　　수 6:8-14: 여리고 성을 돎

　　수 6:15-21: 여리고 성의 함락

　　수 6:22-25: 라합 가족의 구원

　　수 6:26-27: 여리고 성 재건 금지

1. 여리고 성 점령을 위한 하나님의 지시는 무엇입니까?(1-5절)

　이스라엘 자손들로 말미암아 여리고 성은 굳게 닫혔고 출입하는 자가 없었습니다. 하나님께서는 여호수아에게 다음과 같이 말씀하셨습니다.

　"보라 내가 여리고와 그 왕과 용사들을 네 손에 넘겨 주었으니 너희 모든 군사는 그 성을 둘러 성 주위를 매일 한 번씩 돌되 엿새 동안을 그리하라 제사장 일곱은 일곱 양각 나팔을 잡고 언약궤 앞에서 나아갈 것이요 일곱째 날에는 그 성을 일곱 번 돌며 그 제사장들은 나팔을 불 것이며 제사장들이 양각 나팔을 길게 불어 그 나팔 소리가 너희에게 들릴 때에는 백성은 다 큰 소리로 외쳐 부를 것이라 그리하면 그 성벽이 무너져 내리리니 백성은 각기 앞으로 올라갈지니라"(2-5절)

　① 일심

　여리고 성은 이스라엘이 하나가 되게 하였습니다. 작은 어려움은 하나가 되기 힘듭니다. 하나님께서는 우리들 가운데 특별히 큰 어려움을 허락하시사 모든 사람이 하나가 되게 하시는 것입니다. 하나님의 관심과 우리의 관심은 다릅니다. 우리는 당장의 평탄한 길을 원하지만 하나님께서는 잠시의 어려움을 통해서 일심이 되게 하십니다.

군대 생활에 있어, 사람은 자신의 지위만큼 밖에 모릅니다. 소대장은 중대장의 생각을 알 수 없으며 중대장은 대대장의 생각에 이를 수 없으며 대대장은 연대장, 연대장은 사단장, 사단장은 군단장의 생각에 이를 수 없는 것입니다. 하나님께서는 이스라엘 백성들로 하여금 모두 다 애굽에서 나오게 하시기 위하여 바로의 마음을 강퍅케 하신 것입니다. 지금 당장의 고난으로 말미암아 이스라엘 백성들은 억압 가운데 모세와 하나님을 향하여 원망하였지만 하나님께서는 바로의 마음의 강퍅케 하심을 멈추지 않으셨고 그 강퍅한 마음 가운데 이스라엘 백성들은 한 사람도 빠지지 않고 모두 애굽으로부터 나오게 된 것입니다. 하나님께서는 하나님의 사람, 택하신 사람들을 결코 잃어버리시지 않으십니다. 추수에는 이삭이 있어도 영혼에는 잃어버리는 이삭이 없는 것입니다. 우리는 우리 앞에 놓인 여리고 성과 같은 환난과 어려움을 겪을 때에 낙심하지 말고, 왜 나에게 이러한 어려움이 있는지 다 이해할 수 없다고 할지라도 하나님을 신뢰하여야 할 것입니다. 하나님을 신뢰하는 것은 하나님을 다 이해하기 때문이 아닙니다. 이해하기 때문에 신뢰하는 것이 아니라, 신뢰는 이해를 초월하는 것입니다.

우리는 우리들의 삶을 날마다 주께서 다루시고 또한 만지심을 깨달아야 합니다. 우리의 눈이 이제는 환난과 여러 가지 어려움을 보는 것이 아니라 이러한 어려움을 통해서 하나님께서 나의 삶을 인도하시고자 하시는 바에 관하여 바라볼 수 있는 눈이 열려야 할 것입니다.

② 날마다

하나님께서는 이스라엘 백성들로 하여금 여리고 성을 하루에 무너지게 하지 않으셨습니다. 이스라엘 백성들은 일주일 동안 하루에 한 바퀴씩 마지막 날은 일곱 바퀴를 돌아 13바퀴를 돌아야 했습니다. 이는 믿음의 승리는 단 하루에 이루어지는 것이 아님을 가르치는 것입니다. 우리는 날마다 주어진 영적인 싸움을 싸워야 합니다. 바울은 나는 날마다 죽노라 하였습니다. 주님께서는 십자가를 짊에 있어서 '아무든지 나를 따라오려거든 자기를 부인하고 날마다 제 십자가를 지고 나를 좇을 것이니라'고 말씀하셨습니다. 우리는 이 여리고 성을 매일 돌았던 이스라엘 백성들처럼 매일매일 주님 뵐 때까지 믿음의 싸움을 할 수 있어야 할 것입니다.

여리고 성은 하루에 무너지지 않았지만 또한 하루에 무너졌습니다. 여리고 성은 점점 무너진 것이 아니라 한 날에 무너진 것입니다. 그러므로 우리는 끝까지 신뢰할 것은 상황이 아닌 하나님의 약속임을 기억하여야 할 것입니다.

③ 침묵

하나님께서는 여리고 성을 돎에 있어서 특별히 그들로 침묵하게 하셨습니다. 여러 사람들의 말이 하나가 되게 하는 것이 아니라 침묵이 저들로 하여금 하나가 되게 하였습니다. 많은 말들은 때때로 부정적인 언어를 쏟아내며, 불신을 가지고 오기도 하지만 침묵은 곧 순종을 의미합니다. 공동체가 하나가 되기 위해서는 침묵하는 공동체가 되어야 합니다. 묵묵히 주어진 일들에 순종하며 나아갈 때에 공동체는 진정으로 하나가 될 수 있는 것입니다.

"그가 곤욕을 당하여 괴로울 때에도 그의 입을 열지 아니하였음이여 마치 도수장으로 끌려 가는 어린 양과 털 깎는 자 앞에서 잠잠한 양 같이 그의 입을 열지 아니하였도다"(사 53:7)

하나님께서는 여리고 성 싸움에 있어 침묵 속의 일치와 순종을 가르치셨습니다.

④ 선포

마지막으로 이스라엘은 외쳤습니다. 이는 함성이며 고백이며 선포였습니다. 이는 하나님께서 행하실 일들에 대한 선포가 되는 것입니다. 믿음의 사람들은 담대하여야 할 것입니다. 비록 침묵해야 할 때가 있지만 침묵하지 말아야 할 때가 있습니다. 하나님께서 행하실 일들을 담대함으로 선포하고 외침이 있어야 할 것입니다. 믿음의 역사는 바로 마지막 이 외침에서 이루어졌습니다.

2. 여리고 성을 도는 행진의 순서를 살펴봅시다(6-9절).

여리고 성을 도는 순서는 다음과 같습니다.

① 무장한 자들

② 일곱 양각 나팔을 부는 일곱 제사장

③ 언약궤

④ 무장한 자들(후군)

⑤ 백성

여리고 성을 돎에 주목할 것은, 이 순서에서 바로 언약궤를 중심으로, 언약궤의 앞 뒤로 무장한 자들이 보호하고 있는 것입니다. 믿음의 공동체가 보호해야 할 바는 무엇입니까? 그것은 바로 하나님의 말씀입니다. 동일한 '장' 수가 되는 사도행전 6장에서 초대 교회의 한 내적 문제에 관하여 전합니다. 곧 헬라파 유대인들의 과부들이 히브리파 사람들의 차별을 받고 매일의 구제에 빠진 일입니다. 이에 사도들은 이 일을 세상의 지혜로 해결하지 않았습니다. 그들은 다음과 같이 고백합니다.

"열두 사도가 모든 제자를 불러 이르되 우리가 하나님의 말씀을 제쳐 놓고 접대를 일삼는 것이 마땅하지 아니하니 형제들아 너희 가운데서 성령과 지혜가 충만하여 칭찬 받는 사람 일곱을 택하라 우리가 이 일을 그들에게 맡기고 우리는 오로지 기도하는 일과 말씀 사역에 힘쓰리라 하니"(행 6:2-4)

언약궤를 중심에 둠은 곧 말씀을 보호하는 것입니다. 교회의 사역 가운데 중요한 것은 말씀 사역을 보호하는 것입니다. 가정에서도, 개인적으로도 중요한 것은 말씀을 보호하는 일입니다. 여기에 모든 싸움의 승패가 있습니다.

3. 여리고 성을 도는 특별한 지시는 무엇입니까?(10절)

성을 돌 때에 백성들은 외치지 말며 음성을 들리게 하지 말며 입에서 아무 말도 내지 말아야 했습니다. 그리하다가 여호수아가 그들에게 외치라 하는 날에 외쳐야 했습니다.

4. 이스라엘 백성들이 여리고 성을 돈 총 횟수는 얼마입니까?(11-15절)

첫째 날부터 여섯째 날까지 하루에 한 번씩 여리고 성을 돈 이스라엘은 일곱째 날에는 일곱 바퀴를 돌았습니다. 이스라엘은 여리고 성을 총 13바퀴 돌았습니다.

5. 여리고 성 함락에 관하여 살펴봅시다(15-21절).

일곱째 날에 일곱 바퀴를 여리고 성을 돌고 제사장들이 나팔을 불 때에 여호수아는 백성들에게 외치라 하였고 백성이 나팔 소리는 듣는 동시에 크게 소리를 질러 외치니 성벽이 무너져 내렸습니다. 백성들은 각기 앞으로 나아가 성에 들어가서 그 성을 취하고 성 중에 있는 것을 다 멸하되 남녀 노유와 우양과 나귀를 칼날로 멸하였습니다.

여호수아는 여리고 점령에 있어 두 가지 유의사항에 관하여 전하였습니다. 첫째, 성과 그 가운데 모든 물건은 여호와께 바치라 하였습니다. 특별히 바칠 물건을 스스로 삼가야 했습니다. 그것을 바친 후에 그 바친 어느 것이든지 취하면 이스라엘 진영으로 바침이 되어 화를 당케 될까 두려운 것이었습니다. 은금과 동철 기구들은 다 여호와께 구별될 것이니 그것을 여호와의 곳간에 들이게 하였습니다. 둘째, 기생 라합과 무릇 그 집에 동거하는 자는 살리라 하였습니다. 이는 그녀가 여호수아의 보낸 사자들을 숨겼기 때문입니다.

6. 라합과 그 가족의 구원을 살펴봅시다(22-25절).

여호수아는 그 땅을 정탐했던 두 사람으로 라합의 집으로 보내어 라합과 그 가족과 그녀에게 속한 모든 것을 이끌어 내어 이스라엘 진 밖에 둠으로 그들을 구원케 하였습니다. 여호수아는 두 사람의 정탐꾼들에게 "그 기생의 집에 들어가서 너희가 그 여인에게 맹세한 대로 그와 그에게 속한 모든 것을 이끌어 내라"(22절)라고 하였습니다. 성경은 이 라합의 신분이 기생임을 숨기지 않습니다. 비록 그녀는 기생이라는 비천한 신분의 사람임에도 불구하고 구원의 역사에서 제외되지 않았습니다. 더 나아가 한 사람 기생 라합을 통해서 그뿐만 아니라 그의 부모와 그의 형제와 그에게 속한 모든 것이 구원함을 얻음을 주목해 보아야 합니다.

7. 여리고 성 재건에 대한 금지와 저주를 살펴봅시다(26절).

여호수아는 여리고 성 재건에 대해서 금지하며 저주를 하기를 누구든지 일어나서 건축하는 자는 여호와 앞에서 저주를 받을 것이라 그 기초를 쌓을 때에 맏아들을 잃을 것이요 그 문을 세울 때에 그의 막내 아들을 잃으리라 하였습니다.

이에 대한 말씀의 성취로서 열왕기상 16장34절에서 아합 시대에 벧엘 사람 히엘이 여리고를 건축하였는데 저가 그 터를 쌓을 때에 맏아들 아비람을 잃었고 그 문을 세울 때에 말째 아들 스굽을 잃었습니다. 이는 여호수아의 저주가 아닌 하나님께서 눈의 아들 여호수아로 하신 말씀이며 곧 말씀의 성취입니다.

"그 시대에 벧엘 사람 히엘이 여리고를 건축하였는데 그가 그 터를 쌓을 때에 맏아들 아비람을 잃었고 그 성문을 세울 때에 막내 아들 스굽을 잃었으니 여호와께서 눈의 아들 여호수아를 통하여 하신 말씀과 같이 되었더라"(왕상 16:34)

묵상

01   여리고 성 점령의 독특한 방법이 주는 교훈은 무엇입니까?

02   여리고 성 함락이 주는 교훈은 무엇입니까?

03   여리고 성의 재건을 금지한 이유는 무엇입니까?

되새김

여리고 점령은 하나님의 말씀의 순종으로 말미암은 신앙의 승리였습니다. 순종이 가치가 있는 것은 그 순종은 하나님의 능력을 나타내기 때문입니다. 특별히 이스라엘의 순종은 단 하루의 승리가 아닌 일주일 동안의 순종의 승리였습니다. 이는 우리들의 매 주간마다 순종함으로 말미암는 순종의 삶을 살아야 함을 가르쳐 주시는 것입니다.

07

아간의 범죄
7장 1~26절

Key Point

여리고 성 싸움에서 승전한 이스라엘은 승리감에 도취하여 하나님께 어떠한 물음도 없이 아이 성 싸움을 감행합니다. 그러나 아간의 범죄로 말미암은 이스라엘은 하나님의 진노하심 가운데 더 이상 어떠한 하나님의 손에 붙드심을 받지 못합니다. 결국 이스라엘은 그들의 눈에 작고 보잘것없이 보이는 아이 성 사람들에게 조차 패전하고 맙니다.

가나안 땅 정복 전쟁의 중부 점령은 여리고 성과 아이 성 싸움입니다. 앞선 여리고 성의 함락(6장)에 이어 7-8장은 아이 성 싸움에 관하여 전합니다. 아이 성의 '아이'는 '폐허'를 뜻합니다. 벧엘과 아이 사이에서 단을 쌓았던 아브라함과(창 12:8) 그리심 산과 에발 산 사이 세겜에서 언약을 맺었던 세겜 언약은 큰 교훈을 줍니다(수 24:15).

큰 성 '여리고'를 이긴 이스라엘에게 작은 성 '아이'는 보잘것없이 보였을 것입니다. 그러나 이스라엘은 그들 자신의 힘으로 '여리고'를 이긴 것이 아니기에 작고 보잘것없는 '아이'에게 또한 스스로 승리할 수 없었습니다. 싸움의 승패는 상대의 크고 작음에 있었던 것이 아닌 것입니다. 이스라엘은 오직 말씀으로 말미암아 승리할 수 있었습니다. 그러나 헤렘의 예물을 취한 아간을 통해서 이스라엘은 죄로 말미암아서는 결코 승리할 수 없음을 배우게 됩니다. 헤렘의 물건을 취하였다가 스스로 헤렘이 된 아간의 최후의 모습을 보며 아이는 아간의 돌무더기가 되었습니다. 돌무더기가 된 아간, 선악과를 따먹은 아담과 하와, 뒤를 돌아보았다가 소금 기둥이 된 롯의 처, 은 30에 예수님을 판 가룟 유다, 불의의 삯을 사모했던 발람, 아나니아와 삽비라, 저들은 같은 길을 걸은 사람들입니다.

■ 여호수아 7장의 구조적 이해

   수 7:1: 아간의 범죄

   수 7:2-5: 아이 성 싸움의 패배

   수 7:6-9: 여호수아의 탄식의 기도

   수 7:10-15: 아이 성 싸움의 패배의 원인

   수 7:16-21: 아간의 범죄의 진상

   수 7:22-26: 아간의 처형과 아골 골짜기

1. 아간의 범죄를 통한 이스라엘에게 주어진 진노에 관하여 살펴봅시다(1절).

"이스라엘 자손들이 온전히 바친 물건으로 말미암아 범죄하였으니 이는 유다 지파 세라의 증손 삽디의 손자 갈미의 아들 아간이 온전히 바친 물건을 가졌음이라 여호와께서 이스라엘 자손들에게 진노하시니라"(1절)

아간 한 사람의 개인적인 범죄는 언약의 백성인 이스라엘의 전체의 범죄가 되었습니다. 곧 아간은 하나님의 말씀을 거역하고 온전히 바친 물건을 취하여 이스라엘 전체로 하나님의 진노를 받게 하였습니다.

아간은 유다 지파 세라의 증손 삽디의 손자 갈미의 아들이었습니다. 세라는 다말이 유다에게서 낳은 쌍둥이 아들 베레스와 세라 중의 둘째 아들입니다. 하나님의 진노가 취하지 말아야 할 것을 취함으로 임하였습니다. 이는 성도가 이 땅에 살아가며 주의를 가져야 할 바가 됩니다.

2. 여호수아가 여리고에서 정탐꾼들을 보내며 어떠한 명령을 내렸습니까?(2절)

여호수아는 싯딤에서 여리고 성을 정탐한 바가 있습니다. 이제 아이 성의 점령에 있어서도 먼저 정탐꾼들을 보내었습니다. 여호수아는 정탐꾼들에게 벧엘 동편 벧아웬 곁에 있는 아이 성을 정탐하라고 하였습니다.

3. 정탐꾼들의 아이 성 정탐의 보고를 살펴봅시다(2-3절).

정탐꾼들은 아이 성을 정탐하고 돌아와 보고하기를 '백성을 다 올라가게 하지 말고 이삼천 명만 올라가서 아이를 치게 하소서 그들은 소수니 모든 백성을 그리로 보내어 수고롭게 하지 마소서'라 하였습니다.

4. 아이 성 싸움의 결과는 어떠하였습니까?(4-5절)

정탐꾼들의 보고 대로 3천명 만의 이스라엘 군사로 아이 성을 공격하였으나 싸움에서 패하여 36인의 전사자를 남긴 채 아이 사람 앞에서 도망하였습니다. 아이 사람들이 성문 앞에서부터 스바림까지 쫓아와서 내려가는 비탈에서 쳤으므로 백성의 마음이 녹아 물 같이 되었습니다.

5. 패전의 소식을 들은 여호수아의 태도와 그의 기도를 살펴봅시다(6-9절).

여호수아는 옷을 찢고 이스라엘 장로들과 함께 여호와의 궤 앞에서 땅에 엎드려 머리에 티끌을 뒤집어쓰고 저물도록 있다가 하나님께 향하여 기도하기를

"슬프도소이다 주 여호와여 어찌하여 이 백성을 인도하여 요단을 건너게 하시고 우리를 아모리 사람의 손에 넘겨 멸망시키려 하셨나이까 우리가 요단 저쪽을 만족하게 여겨 거하였더면 좋을 뻔하였나이다 주여 이스라엘이 그의 원수들 앞에서 돌아섰으니 내가 무슨 말을 하오리이까 가나안 사람과 이 땅의 모든 사람들이 듣고 우리를 둘러싸고 우리이름을 세상에서 끊으리니 주의 크신 이름을 위하여 어떻게 하시려 하나이까"(7-9절)

라고 하였습니다. 이스라엘의 패배는 단지 작은 패배가 아닌 그들의 생존을 위협하는 지경에 이르게 된 것입니다. 이 작은 싸움의 실패는 그들로 하여금 가나안 땅에서 큰 위협 가운데 있게 된 것입니다. 가나안에 있었던 두려움은 이스라엘이 그들이 보는 눈앞에서 여리고 성을 돌 때에도 함부로 대하지 못하였습니다. 이는 여리고 성뿐만 아니라 온 가나안 땅에 두려움이 가득하였음을 알게 하는 것입니다. 그러나 이제 아이성과의 싸움에서의 패배는 가나안 땅에 있었던 그들의 두려움이 걷히고 이스라엘 가운데는 큰 위협이 됨을 의미하는 것입니다.

6. 이스라엘의 패배에 대한 하나님의 말씀은 무엇입니까?(10-15절)

이스라엘의 패전의 원인은 이스라엘의 범죄함으로 말미암음으로 곧 하나님께 온전히 바친 물건을 도적질하여 자신의 기구 가운데 두었기 때문입니다. 이에 하나님께서는 백성을 성결케 하고 제비를 뽑아 바친 물건을 가진 자를 찾아내어 불사르되 그와 그 모든 소유를 그리하라 명하셨습니다.

7. 제비 뽑힌 아간의 자백과 그가 훔친 것은 무엇이었습니까?(16-21절)

제비는 유다 지파 세라의 족속 삽디의 가족 중의 갈미의 아들 아간이 뽑혔고 이에 아간은 자신이 이스라엘 하나님 여호와께 범죄하여 노략한 물건 중에 시날산의 아름다운 외투 한 벌과 은 이백 세겔과 오십 세겔 무게의 금덩이 하나를 탐내어 취하여 자신의 장막 가운데 땅 속에 감추었는데 은은 그 밑에 있음을 고하였습니다.

8. 아간에게 주어진 심판을 살펴봅시다(22-26절).

아간과 그가 도적질한 물건과 그 아들들과 딸들 무릇 그에게 속한 모든 것을 이끌고 아골 골짜기에 가서 온 이스라엘이 돌로 치고 불사르고 그 위에 돌무더기를 크게 쌓으니 여호와께서 그 극렬한 분노를 그치셨고 그곳 이름은 아골 골짜기라 불렀습니다. '아골'은 괴롭게 하다는 뜻으로 아간이 돌에 맞아 죽은 뒤에 붙여진 이름입니다. 아골 골짜기는 '심판'과 '고통'을 상징하나 이사야 65장10절과 호세아 2장15절에서는 이스라엘의 회복을 가리키는 종말론적인 의미로 사용되어 아골 골짜기와 같은 괴로운 곳도 마지막 날에는 하나님께서 축복의 장소가 되게 하시는 것을 예표하십니다.

묵상

01 공동체 가운데 개인적인 범죄에 그에 대한 영향력에 관하여 나누어 봅시다.

02 아이 성 싸움의 패전이 주는 교훈은 무엇입니까?

03 아간의 범죄가 주는 교훈은 무엇입니까?

되새김

되새겨야 할 세 가지 교훈으로 첫째, 전쟁의 승리는 이스라엘의 능력이 아니었음을 이 아이 성 싸움의 패전에서 살펴볼 수 있습니다. 둘째, 아간의 범죄함은 탐심으로 말미암은 것이며 결국 이 탐심이 하나님의 명령을 어김으로 하나님을 모독케 하였으며 셋째, 그 심판으로 한 개인의 범죄가 전체 이스라엘로 하나님의 진노 가운데 있게 하였음을 우리는 명심하여야 하겠습니다.

PART

08

아이 성 점령
8장1~35절

Key Point

아간의 범죄함으로 말미암아 아이에서 치욕적인 패배를 맛본 이스라엘이 아간의 범죄에 대한 심판 후에 다시 승리함으로 패배를 설욕합니다. 이를 통해 이스라엘은 다시금 전쟁의 승리는 하나님께로 말미암은 것임을 재확인하며 전쟁의 승리 후에 이스라엘은 이틀이나 걸리는 에발 산으로 이동하여 하나님께 제단을 쌓고, 율법을 새기고 축복과 저주를 낭독합니다.

본문 이해

1-5장의 가나안 정복을 준비함을 지나 6-8장은 가나안 중부 점령에 대한 말씀입니다. 가나안 중부 점령은 여리고 성 점령과 아이 성 점령으로 이루어졌으며, 6장의 여리고 성 점령에 이어 7-8장은 아이 성 점령에 관한 말씀입니다. 7장에서 아이 성 점령의 실패와 그 원인을 살폈다면 이제 8장에서는 아이 성 점령의 실패의 원인이 된 아간의 심판으로 다시 진행된 아이 성 점령에 관한 말씀입니다.

죄는 우리들이 가는 길을 지체케 합니다. 이스라엘은 죄라는 장애에 걸려 언제나 지체하였습니다. 그러나 스스로 헤렘이 된 아간의 처형으로 이스라엘을 정화시킨 하나님께서는 다시 아이 성을 함락케 하셨습니다. 죄는 우리들의 길을 지체케 하나 하나님의 은혜의 약속을 없이하지는 못하는 것입니다. 더욱이 여호수아는 이전에는 사람들의 말에 귀 기울여 아이 성 싸움을 이끌었으나 이제는 직접적인 하나님의 인도하심을 더 받게 됩니다. 7장에서 지휘관은 여호수아였습니다(수 7:2). 그러나 8장에서 지휘관은 하나님이십니다(수 8:1). 7장에서 여호수아는 사람의 말을 들었습니다(수 7:3). 그러나 8장에서 여호수아는 하나님의 말씀을 듣습니다(수 8:1-2).

■ 여호수아 8장의 구조적 이해

수 8:1-2: 아이 성 점령을 명하심

수 8:3-9: 복병을 매복함

수 8:10-17: 아이 성 백성을 유인함

수 8:18-23: 아이 성의 함락

수 8:24-29: 아이 성의 진멸

수 8:30-35: 에발 산에서의 언약

1. 아이 성 정복에 대한 하나님의 명령을 살펴봅시다(1-2절).

하나님께서는 여호수아에게 명하시기를

"두려워하지 말라 놀라지 말라 군사를 다 거느리고 일어나 아이로 올라가라 보라 내가 아이 왕과 그의 백성과 그의 성읍과 그의 땅을 다 네 손에 넘겨 주었으니 너는 여리고와 그 왕에게 행한 것 같이 아이와 그 왕에게 행하되 오직 거기서 탈취할 물건과 가축은 스스로 가지라 너는 아이 성 뒤에 복병을 둘지니라"(수 8장1-2절)

라고 하셨습니다. 곧 한 번 실패를 맛본 이스라엘을 격려하시며 가나안 첫 성은 온전히 하나님 것임에 반해 나머지를 이스라엘에게 주심을 말씀하시며 구체적인 전술적인 방법까지 가르쳐 주셨습니다.

7장에서 아이 성 싸움은 여호수아의 지휘 아래에서 이루어졌습니다.

그러나 8장에서 여호수아는 직접적인 하나님의 명령의 말씀을 듣습니다. 여호수아의 지휘권은 하나님께 이양되었고 하나님의 인도하심을 받게 됩니다. 믿음의 싸움의 승리는 바로 이러한 지휘권 이양에 있는 것입니다.

2. 아이 성 점령의 두 가지 전술에 관하여 살펴봅시다(3-23절).

아이 성 점령에는 두 가지 전술이 사용되었습니다. 첫 번째 전술은 매복 전술입니다(3-9절). 2, 3천 명만 보내면 되겠다는 정탐꾼들의 보고(7:2-3)와 달리 하나님께서는 군사를 다 거느리고 아이로 올라가라 명하셨으며(1절), 그중에 용사 3만 명을 뽑아 성읍 뒤에 매복케 하셨습니다. 두 번째 전술은 유인 전술입니다(10-23절). 처음 공격에서 승리를 맛본 아이 성읍 사람들은 여호수아가 밤에 골짜기 가운데로 들어가니 일찍이 일어나서 급히 나가 아라바 앞에 이르러 정한 때에 이스라엘과 싸우려 합니다. 여호수아와 온 이스라엘은 그들 앞에서 거짓 패하여 광야 길로 도망하매 그 성 모든 백성이 그들을 따라나서게 됩니다. 이와 같이 여호수아는 가나안 두 번째 도성인 아이 성과의 싸움에서 하나님의 지시에 의해서 복병술과 유인술을 통해서 아이 성을 점령하게 됩니다. 하나님께서는 이 작은 성이라 힘으로 이길 수 있지만 이스라엘로 자고해지지 않게 하시기 위하여 이와 같은 모든 백성이 참여하는 가운데 치밀한 전술로 말미암아 전쟁에 승리케 하십니다.

3. 여호수아의 리더쉽을 살펴봅시다.

여호수아 8장에는 여호수아의 몇 가지 중요한 리더쉽이 발견됩니다.

첫째, 그의 리더쉽은 철저하게 하나님의 손에 붙들림을 받는 리더쉽입니다. 그의 전술은 한결같이 하나님께로 말미암은 것이었으며 그는 공격의 시기까지 하나님의 지시하심을 받고 있습니다. 여호수아는 언제나 자신을 드러내거나 자신을 주장하지 않았고 자신이 먼저 하나님께 순종하고 백성들에게 하나님께 순종할 것을 명하였습니다.

둘째, 여호수아의 리더쉽은 고생하는 백성 가운데 함께 하는 리더쉽이었습니다. 그는 지도자로서의 편의를 포기하고 전쟁에 앞서 백성 가운데서 잠을 잤습니다.

"그들을 보내매 그들이 매복할 곳으로 가서 아이 서쪽 벧엘과 아이 사이에 매복하였고 여호수아는 그 밤에 백성 가운데에서 잤더라"(9절)

셋째, 여호수아의 리더쉽은 부지런함에서 찾을 수 있습니다. 그는 일찍이 일어나 백성을 점고하였습니다. 이는 아이 성 왕의 일찍이 일어남과 구분됩니다(14절). 아이 성 왕의 일찍 일어남은 성급함에 있지만 여호수아의 일찍 일어남은 부지런함과 성실함으로 말미암은 것입니다.

"여호수아가 아침에 일찍이 일어나 백성을 점호하고 이스라엘 장로

들과 더불어 백성에 앞서 아이로 올라가매"(10절)

넷째, 여호수아의 리더쉽은 솔선수범에 있었습니다(8:10). 그는 백성들보다 앞서 아이로 올라갔습니다. 이러한 위기와 어려움 속에 먼저 나아가는 모습은 지도자로서의 자질에 관하여 우리들에게 분명히 가르치는 것입니다.

다섯째, 여호수아의 리더쉽은 모든 영광을 하나님께 돌림에 있었습니다. 전쟁의 승리는 어떠한 열정과 힘과 능력으로 말미암은 것이 아니라 철저하게 하나님께로 말미암은 것입니다. 네 손에 잡은 단창을 들어 아이를 가리키라는 하나님의 지시하심을 받은 여호수아는 아이 거민을 진멸하기까지 단창을 잡아 든 손을 거두지 않았습니다(18절, 26절). 이는 지휘관의 위풍당당함을 보이는 말씀이 아니라 그가 철저하게 끝까지 하나님을 의뢰하는 지도자의 모습과 함께 모든 영광을 하나님께 돌리는 모습을 보여주시는 것입니다. 앞서 아말렉과의 전투에서 모세가 아론과 훌의 도움으로 손을 들고 있음으로 말미암아 전쟁에 승리했던 바가 있었던 것과 같이 여호수아는 지금 단창을 잡아 든 손을 거두지 아니하는 것입니다.

4. 아이 성의 함락에 관하여 살펴봅시다(24-29절).

이스라엘은 자기들을 추격하던 모든 아이 주민들을 들에서 죽였으며 아이로 돌아와서 칼날로 아이 사람의 전부를 죽였습니다. 죽은 아이 사람의 남녀가 1만 2천이었습니다. 여리고 성의 탈취물은 가나안의 첫 성으로의 여리고의 특수성으로 말미암아 하나님께 바친 바 되었으나 이제 아이 성의 탈취물들은 이스라엘 백성들에게 주어졌습니다. 여호수아는 아이를 불살라 그것으로 영원한 무더기를 만들었으며 아이 왕을 저녁때까지 나무에 달았다가 해질 때에 명하여 그 시체를 나무에서 내려 그 성문 어귀에 던지고 그 위에 돌로 큰 무더기를 쌓았습니다.

5. 축복과 저주의 선포를 살펴봅시다(30-35절).

여호수아가 그리심 산과 에발 산에서 행한 축복과 저주의 선포는 모세가 율법으로 통해서 지시한 바에 대한 성취입니다. 곧 모세는 신명기 27장1-8절에서 이스라엘이 요단을 건너 하나님 여호와께서 주시는 땅에 들어가는 날에 큰 돌들을 세우고 석회를 바르며 율법을 그 위에 기록하여 에발 산에 세우라 하였으며 또한 돌단을 쌓되 그것에 철기를 대지 않은 다듬지 않은 돌로 단을 쌓고 번제와 화목제를 드리라고 하였습니다. 축복과 저주의 선포는 신명기 11장29-32절과 27장9-28장68절의 지시하심에 따른 것입니다.

묵상

01 여호수아의 리더쉽을 살피며 참된 지도력에 관하여 나누어 봅시다.

02 아이 성 점령의 전술이 주는 교훈은 무엇입니까?

03 아이 성 승리 이후에 축복과 저주의 선포가 주는 교훈은 무엇입니까?

되새김

아이 성의 승리 이후에 이스라엘이 먼저 다른 어떠한 것보다도 먼저 하나님의 말씀을 성취하며 종교적인 의식을 감행한 이유는 전쟁의 승리는 하나님께로 말미암은 것이며 가장 중요한 것은 하나님과의 관계임을 잘 나타내 보여주는 것입니다. 이 땅의 많은 문제들이 산재해 있음에도 불구하고 오늘 우리가 돌아가야 할 자리는 바로 예배의 자리이며 또한 하나님과의 바른 관계입니다.

PART

09

기브온 우호 조약
9장 1~27절

Key Point

여리고 성과 아이 성의 함락은 가나안 족속들로 하나로 결집하여 이스라엘을 대적하게 만듭니다. 그러나 이러한 어리석은 결집과 달리 기브온 거민들은 그들의 생존을 위하여 이스라엘을 속이고 마침내 화친의 언약을 맺게 됩니다.

6-8장까지 가나안 중부를 점령한 이스라엘은 9-10장에 걸쳐 가나안 남부를 점령하게 됩니다. 이제 9장은 가나안 남부 전쟁의 배경에 관하여 전합니다. 이스라엘의 가나안 중부 점령의 소식에 가나안 족속들은 이스라엘에 대하여 대적하기 위하여 연합하였습니다. 하나님의 복음이 전파되는 곳에는 또한 이와 같이 연합하여 하나님의 나라를 대적하는 무리들이 있는 것입니다. 예수님을 십자가에 못 박기 위하여 바리새인과 사두개인이 하나됨과 같이 대적들은 연합하여 복음에 대적합니다. 그러나 이들과 연합하지 않고 다른 길을 선택하는 무리가 있음을 봅니다. 기브온은 이스라엘과 함께 하시는 하나님을 통하여 이스라엘과 대적하지 않고 살 길을 모색하였습니다. 하나님의 은혜는 바로 이들에게까지 이르게 된 것입니다. 여리고 성의 라합의 집안이 여리고의 멸망 가운데 구원을 받은 것처럼 가나안 남부의 멸망 전에 기브온 주민들은 구원을 받게 됩니다.

■ 여호수아 9장의 구조적 이해

　수 9:1-2: 가나안 족속들의 동맹

　수 9:3-15: 기브온 주민들의 속임수로 맺은 화친

　수 9:16-21: 드러난 기브온 주민들의 책략

　수 9:22-27: 기브온 주민들의 생존

1. 가나안 족속들의 동맹을 살펴봅시다(1-2절).

"이 일 후에 요단 서쪽 산지와 평지와 레바논 앞 대해 연안에 있는 헷 사람과 아모리 사람과 가나안 사람과 브리스 사람과 히위 사람과 여부스 사람의 모든 왕들이 이 일을 듣고 모여서 일심으로 여호수아와 이스라엘에 맞서서 싸우려 하더라"(1-2절)

여리고와 아이에게 행한 이스라엘의 소문을 들은 가나안 족속들은 일심으로 연합하게 됩니다. 헷 사람, 아모리 사람, 가나안 사람, 브리스 사람, 히위 사람, 여부스 사람 곧 6 족속입니다. 이들은 이전까지는 이스라엘의 공격에 방어만 하다가 이제는 연합하여 공격을 준비하였습니다. 곧 이스라엘의 전쟁은 하나하나의 성읍에 대한 것이 아니라 이와 같은 거대한 연합체를 향한 것이었습니다.

2. 기브온과 맺은 화친을 살펴봅시다(3-15절).

다른 족속들과 달리 기브온 사람들은 자신들이 살기 위한 꾀를 내어 사신의 모양을 꾸미되 해어진 전대와 해어지고 찢어져서 기운 가죽 포도주 부대를 나귀에 싣고 그 발에는 낡아 기운 신을 신고 낡은 옷을 입고 다 마르고 곰팡이 난 떡을 예비하고 그들이 길갈 진으로 와서 여호수아에게 이르기를 심히 먼 나라에서 이스라엘과 화친하려 온 것으로 속이었습니다. 이에 이스라엘은 이들의 말을 믿고 그들과 화친하여 그들을 살리리라는 언약을 맺고 회중 족장들이 그들에게 맹세하였습니다.

이스라엘은 기브온의 속임에 속고 말았습니다. 그러나 여기에는 몇 가지 교훈이 있습니다. 기브온 사람들은 자신들의 명확한 신분에 관하여 밝히지 않으며 단지 자신들은 먼 나라에서 왔다고만 하였으나(6절) 성경은 이들이 히위 사람이라고 밝힙니다(7절).

이처럼 이스라엘이 기브온 사람들에게 속음에 첫째 이유는 분별력의 상실입니다. 이는 이성적인 실패입니다.

기브온 사람들은 자신들을 사신의 모양으로 꾸미되 해어진 전대와 해어지고 찢어져서 기운 가죽 포도주 부대를 나귀에 싣고 발에는 낡아서 기운 신을 신고 낡은 옷을 입고 다 마른 곰팡이가 난 떡을 준비하였는데 이는 이스라엘을 속이기 위한 술책이었습니다. 그들은 먼 거리임에도 불구하고 뜨거운 양식을 준비하고 찢어지는 포도주 부대를 준비하고 여벌의 옷과 신발도 없이 먼 거리를 왔음과 그들의 신분을 명확하게 밝히지 않음으로 의심할 충분한 여지가 있었습니다. 그럼에도 불구하고 이스라엘이 속음은 분별력의 상실입니다. 사람은 외모를 봄으로 분별력을 가지기 더욱 어렵습니다. 이삭은 보지 못함으로 야곱의 속임에 속았으나 이스라엘은 눈을 뜨고 기브온의 속임에 속았습니다. 이는 분별력의 상실입니다.

두 번째는 말씀의 상실입니다. 이는 영성의 실패입니다.

에덴에서 뱀이 하와를 속일 때에 하와는 '동산 나무의 열매를 우리가 먹을 수 있으나 동산 중앙에 있는 나무의 열매는 하나님의 말씀에 너희는 먹지도 말고 만지지도 말라 너희가 죽을까 하노라'(창 3:2-3)라 하였습니다. 하와에게는 말씀에 대한 부분적인 지식이 있었습니다. 마찬가지로 이스라엘 가운데는 말씀에 대한 지식이 있었습니다.

"이스라엘 사람들이 히위 사람에게 이르되 너희가 우리 가운데에 거주하는 듯하니 우리가 어떻게 너희와 조약을 맺을 수 있으랴"(7절)

이에 기브온 사람들은 '우리는 당신의 종들이니이다'라고 하였습니다. 그들은 마치 이스라엘을 위한 사람들인 것처럼 가장하였습니다. 말씀에 대한 초점이 이스라엘 가운데 흐려지기 시작한 것입니다. 뱀은 여자에게 '너희가 결코 죽지 아니하리라 너희가 그것을 먹는 날에는 너희 눈이 밝아져 하나님과 같이 되어 선악을 알 줄 하나님이 아심이니라'고 하였습니다(창 3:5). 이기심은 결국 말씀이 초점을 흐려지게 하는 것입니다.

세 번째 실패는 감성의 실패입니다.

여호수아는 한 가지 핵심적인 질문을 그들 가운데 던졌습니다. '너희는 누구며 어디서 왔느냐'(8절) 이는 기브온 사람들이 그토록 피하고 싶어 했던 질문이었습니다. 이에 그들은 '종들은 당신의 하나님 여호와의 이름으로 말미암아 심히 먼 나라에서 왔사오니'(9절)라는 말로 시작하여 자신들의 그간의 고생스러움을 통해 이스라엘의 동정심을 불러일으켰습니다. 그들은 같은 신앙을 가진 사람들처럼 보였습니다. 그들은 마치 이스라엘 가운데 형제가 고생한 듯한 모습으로 다가왔습니다.

결국 이스라엘은 이성적 실패, 영성의 실패, 감성적인 실패로 말미암아 기브온의 속임에 속고 말았습니다. 그러나 가장 중요한 실패가 한 가지 더 남아 있습니다.

그것은 바로 하나님께 묻지 않았다는 것입니다.

"무리가 그들의 양식을 취하고는 어떻게 할지를 여호와께 묻지 아니하고 여호수아가 곧 그들과 화친하여 그들을 살리리라는 조약을 맺고 회중 족장들이 그들에게 맹세하였더라"(14-15절)

앞선 아이성 싸움에서 처음 실패의 원인은 아간의 범죄와 더불어 이스라엘의 하나님께 묻지 않음에 있었습니다. 동일한 실수가 아이성 승리 후에, 더 나아가 하나님의 말씀의 성취로서 축복과 저주의 선포 의식 후에 다시 주어집니다. 그것은 바로 하나님께 묻지 않는 실수입니다. 비록 이와 같은 작은 실수같이 보이지만 그 결과는 이 실수는 범죄에 이르게 합니다. 곧 이스라엘은 기브온의 꾀에 속음으로 말미암아 그들은 가나안 사람들과 언약하지 말라는 율법을 어긴 결과가 되었습니다(출 23:32, 34:12, 신 7:2). 멀리 있는 민족들에게는 화친이 허락되었으나(신 20:10-15), 이 가나안 족속들에게는 어떠한 화친도 타협도 허락되지 않았으나 이스라엘은 바로 그들과 언약을 맺고 만 것입니다.

4. 기브온 거민의 교활함과 지혜를 함께 살펴봅시다.

기브온 사람들은 자신들이 먼 나라에서 온 것으로 가장하기 위하여 전대, 포도주 부대, 옷, 신 등의 여러 가지 수단을 사용하였으며 모든 사람들이 적대적이었던 이스라엘에게 호의적으로 대하며 그들을 높임으로 말미암아 이스라엘의 마음을 유순하게 했으며 그들이 떠나 온 것을 오래전으로 하기 위하여 그들의 지식 또한 최근의 일인 요단 도하, 여리고 성 함락, 아이 성 함락 등의 이야기를 언급함 없이 출애굽 사건 및 요단 동편의 두 왕 진멸 사건만을 말하였습니다. 이는 곧 오늘날 성도를 속이기 위한 사단의 철저성을 보여줍니다. 성도는 이러한 교활한 사단의 속임에 이기기 위하여 사람의 판단이 아닌 하나님께 묻는 삶이 있어야 할 것입니다. 하나님의 말씀의 인도하심 가운데만 승리가 보장된 것입니다.

그러나 우리는 다른 한편으로 다른 가나안 족속과 대조되는 기브온 거민들의 지혜로움을 살필 수 있습니다. 라합이 여리고 성에서 건짐을 받듯이 가나안 모든 족속의 전멸 가운데서 기브온 거민들은 그들의 생존을 위한 지혜로 생명을 보존케 됩니다. 우리는 그들의 지혜만큼은 주목해서 보아야 할 것입니다.

5. 기브온과 맺은 화친의 결과를 살펴봅시다(16-27절).

기브온의 기만함은 3일 후에 탄로가 납니다. 이스라엘 자손들이 진행하여 제 삼일에 그들의 여러 성읍, 기브온, 그비라, 브에롯, 기럇여아림에 이르렀으나 화친의 언약함으로 말미암아 그들을 치지 못하였습니다. 비록 가나안 족속과 맺은 언약이지만 하나님께 맹세한 언약으로 말미암아 그 언약을 준수할 수밖에 없었습니다.

따라서 이스라엘은 기브온 거민들을 살려주는 대신에 그들로 여호와의 택하신 곳에서 회중을 위하여 여호와의 단을 위하여 '나무를 패며' '물 긷는 자'를 삼았습니다.

"그 날에 여호수아가 그들을 여호와께서 택하신 곳에서 회중을 위하여 여호와의 제단을 위하여 나무를 패며 물을 긷는 자들로 삼았더니 오늘까지 이르니라"(수 9:27)

나무를 패는 일은 번제를 위한 일이며, 물 긷는 일 또한 물두멍에 물을 채우는 일로 이는 레위 지파의 임무였으나 이 일이 기브온 족속의 일이 되었습니다.

6. 이스라엘과 기브온의 관계에 관하여 연구하여 봅시다.

기브온 사람들은 히위 족속에 속합니다. 야곱의 때에 그의 딸 디나의 일로 말미암아 시므온과 레위가 히위 족속인 세겜 성 사람들을 속이고 그들을 진멸한 바가 있습니다(창 34장). 이제 역사의 흐름은 이 히위 족속이 이스라엘을 속임에 있습니다. 비록 이스라엘이 히위 족속을 속이고 그들을 죽였지만, 히위 족속은 이스라엘을 속임을 통해서 자신들의 생명을 보전하게 됩니다. 하나님께서는 야곱의 저주를 통해서 레위 사람들을 흩어지게 하셨으나 그들로 하나님의 성막을 섬기는 자들로 삼으신 바와 같이 여호수아의 저주를 통해서 기브온 사람들은 성막 봉사에 쓰임을 받아 레위 족속의 일을 감당하게 하십니다. 이는 저주가 축복이 되는 것입니다. 우리들의 못된 성품과 기질과 연약함들도 하나님 앞에 귀하게 쓰임을 받게 될 때에 존귀히 여김을 받을 수 있는 것입니다.

이제 몇 가지 살펴보아야 할 이스라엘과 기브온의 관계는 다음과 같습니다.

① 다윗 시대의 3년 기근의 원인에 관하여(삼하 21:1-6)
다윗 시대의 3년의 기근의 원인은 사울 때에 그와 그의 집이 기브온 사람들을 학살하였기 때문입니다. 결국 이 사건은 다윗의 기브온 사람들의 요구를 들어 사울 집안의 자손 일곱 자손을 처형함으로 일단락됩니다.

비록 이스라엘 가운데는 이들의 존재를 인정하지 않는 사람들이 있었을지라도 하나님께서는 이들과 맺은 언약을 인정하셨으며 지키셨으며 보호하신 것입니다.

"다윗의 시대에 해를 거듭하여 삼 년 기근이 있으므로 다윗이 여호와 앞에 간구하매 여호와께서 이르시되 이는 사울과 피를 흘린 그의 집으로 말미암음이니 그가 기브온 사람을 죽였음이니라 하시니라"(삼하 21:1)

② 포로 귀환 유대인과 함께 돌아옴(느 7:25)

이스라엘이 바벨론 포로 귀환으로 돌아올 때에 그 명부에 기브온 사람들이 있다는 것은 돌아오지 않았던 유대인들을 생각할 때에 유대인들보다 더 유대인스러움을 보여주시는 것입니다.

"기브온 사람이 구십오 명이요"(느 7:25)

③ 포로 귀환 후 성벽 재건에 동참함(느 3:7)

또한 과거 나무를 패고 물을 긷는 일을 통해서 성막 봉사를 하였던 이들이 포로 귀환 후에 성벽 재건에 동참함으로 이들은 더욱더 하나님의 일에 쓰임을 받았음을 보이시는 것입니다.

"그 다음은 기브온 사람 믈라댜와 메로놋 사람 야돈이 강 서쪽 총독의 관할에 속한 기브온 사람들 및 미스바 사람들과 더불어 중수하였고"(느 3:7)

■ 여호수아의 두 번의 실수인 '아이 성 패배'와 '기브온과의 조약'에 관하여

여호수아의 인생에 있어서 실수가 있다는 것은 참으로 주목해 보아야 할 바가 됩니다. 왜냐하면 그는 실수가 거의 나타나지 않는 삶을 살았기 때문입니다. 그의 흠을 잡고, 여호수아를 비난하기 위한 것이 아닙니다. 실수가 거의 없는 믿음의 사람의 실수라는 것은 바로 우리들의 일상에서 더욱 자주 일어날 수 있는 일이기 때문입니다.

먼저 여호수아가 얼마나 탁월한 사람인가를 살필 수 있습니다.

① 12명의 정탐꾼 중의 한 사람

여호수아는 가데스 바네아에서 12명의 정탐꾼 중의 한 사람이었습니다. 열 사람의 정탐꾼들이 가나안 정탐 후에 불신의 말을 전함에 반해서 여호수아와 갈렙은 믿음으로 보고 하였고 이로 말미암아 출애굽한 이스라엘 가운데 오직 여호수아와 갈렙만이 가나안 땅에 들어갈 수 있었습니다.

② 모세의 수종자

여호수아는 더욱이 모세의 시종으로서의 역할을 또한 잘 감당하였습니다. 그는 모세의 종으로 시작합니다. 그러므로 여호수아의 첫 장에서 여호수아는 모세의 수종자라고 소개됩니다. 정탐꾼으로서 자기의 역할을 잘 감당하였으며, 또한 그는 모세의 수종자로서의 역할을 잘 감당하였습니다.

③ 군인

그는 또한 군인으로서의 자기 역할도 잘 감당하였습니다. 출애굽기 17장에 르비딤에서 이스라엘은 아말렉과 전쟁을 하게 됩니다. 이것이 공식적으로 이스라엘이 출애굽 한 후에 첫 번째 전투였습니다. 그리고 그들은 오랜 세월 동안 전쟁이 없이 훈련만 받았습니다. 그런데 이 첫 번째 전투에서 나아가 군인으로서 싸운 사람이 바로 여호수아입니다. 모세가 산 꼭대기에서 기도하였고 그의 기도를 아론과 훌이 옆에서 그 팔을 붙듦으로 조력하였다면 실제적으로 나아가 싸운 사람은 바로 여호수아입니다. 여호수아는 단지 가나안 땅에 들어간 사람이 아니라 가나안 땅에서 7년 전쟁으로 그 땅을 차지하게 되는데 그 싸움을 주도적으로 행한 사람이 바로 여호수아입니다. 여호수아는 군인으로서의 자기 역할을 잘 감당한 사람입니다.

④ 모세의 후계자

여호수아는 이처럼 정탐꾼으로, 모세의 시종으로, 군인으로서의 자기 역할을 잘 감당하였습니다. 하나님께서는 이제 그를 모세의 뒤를 잇는 이스라엘의 지도자로 세우셨습니다. 여호수아는 여호수아 1장에서는 모세의 수종자로 불림을 받지만 귀하게도 여호수아의 마지막 장에서는 그는 여호와의 종이라고 불림을 받습니다. 여호와의 종은 모세에게 붙여진 이름이었습니다. 여호수아 1장에서 모세는 여호와의 종으로, 여호수아는 모세의 수종자로 불림을 받았습니다. 그러나 여호수아 24장에서 여호수아 또한 여호와의 종으로 영광스럽게 불림을 받습니다. 곧 그는 이스라엘의 모세의 뒤를 잇는 지도자로서의 자기 역할을 잘 감당한 사람입니다.

무엇보다도 모세의 뒤를 잇는다고 하는 것에 참으로 뛰어나다고 아니할 수 없습니다. 왜냐하면 전임자로 훌륭하지 못하였다면 후임자는 자기 사역이 쉬울 수 있습니다. 그러나 전임자가 뛰어날 때에 후임자의 사역은 아무리 뛰어나야 빛을 발하기 쉽지 않은 것입니다. 다른 사람도 아닌 모세의 뒤를 이어 사역한다는 것만으로도 여호수아의 부담이 얼마나 컸는가를 우리는 생각해 보지 않을 수 없습니다. 모세는 직접 이스라엘 백성들을 이끌고 나온 사람입니다. 모세는 하나님과 직접 대면하던 사람이었습니다. 이스라엘 중에 전에도 없었고 후에도 없을 만한 하나님의 사람이었습니다. 이러한 모세의 뒤를 잇는 사역을 놀랍게 감당한 것이 바로 여호수아입니다.

⑤ 주의 깊은 사람

이쯤은 되면 우리가 여호수아에게 실수를 발견한다는 것이 왜 그리 쉽지 않은 일인가를 잘 알 수 있을 것입니다. 여호수아는 자신이 가데스 바네아에서 12명의 정탐꾼으로 파송을 받았을 때에 함께 파송된 사람들의 불신으로 말미암아 결국 이스라엘이 가나안 땅의 탐지한 40일의 하루를 1년 삼아 40년 동안 광야 생활을 하게 된 것을 누구보다도 더 잘 알고 있었습니다. 그러므로 그는 가나안 땅의 첫 번째 여리고 성을 점령할 때에 싯딤에서 두 사람의 정탐꾼만을 보냅니다. 그는 이전의 실수와 실패를 잘 알고 있었고 이제 모든 것을 행함에 있어서 주의 깊게 행하였습니다. 주의 깊은 자에게 실수를 찾는 것은 더욱 힘든 일이 될 것입니다.

이제 이러한 여호수아에게 있었던 실수가 무엇일까요? 더 나아가 그에게 실수는 한 번이 아닌 두 번의 실수입니다. 이는 그의 실수의 반복이며 우리들의 두 번의 실수로 말미암아 강조하시는 바가 되는 것입니다.

여호수아의 두 번의 실수는 다름 아닌 아이 성 싸움에서의 패배였으며, 또한 기브온과의 조약을 맺음에 있었습니다. 이 두 사건 속에서 여호수아의 실수가 무엇인가 하는 것입니다.

아이 성 싸움에서의 실패는 여리고 성의 탈취물을 하나님께 바치지 않았고 훔쳤던 아간의 범죄로 말미암은 것으로 단정할 수 있습니다. 그러나 아이 성 싸움의 실패의 원인은 아간에게만 있는 것은 아닙니다. 여호수아에게도 있는 것입니다. 그것은 바로 그가 하나님께 묻지 않았다는 것입니다. 누구에게 물었습니까? 여호수아는 사람들의 말에 귀를 기울였습니다. 물론 여호수아는 하나님보다 사람들의 말을 더 들은 것이 아닙니다. 그가 하나님께 묻지 않고 사람들의 말을 들음은 이유가 있습니다. 왜냐하면 아이 성 싸움은 쉬운 일이었기 때문입니다. 우리는 언제 묻지 않습니까? 쉬운 일을 행할 때에 묻지 않는 것입니다. 여호수아는 여리고 성을 정탐하였듯이 아이 성을 정탐하였습니다. 그리고 그들의 보고를 들었습니다.

"백성을 다 올라가게 하지 말고 이삼천명 만 올라가서 아이를 치게 하소서 그들은 소수이니 모든 백성을 그리로 보내어 수고롭게 하지 마소서"(수 7:3)

아이 성은 조그마한 성입니다. 이스라엘 모든 사람들이 가지 않아도 될 만한 성입니다. 단지 2-3천 명만 보내면 될 법한 수입니다. 이스라엘의 두 번째 인구조사, 곧 최근의 인구조사에게 각 지파의 수가 다른데 싸움에 나갈 만한 20세 이상의 장정들이 각 지파별로 2만에서 많게는 6만에 이릅니다. 가장 작은 지파가 시므온 지파로 22,200명입니다. 아이 성에 싸울 2-3천이라는 숫자는 달리 이야기하면 모든 지파가 아닌 하나의 지파만 가면 될 법한 싸움입니다. 또한 한 지파가 다 갈 것도 아닌 그들의 10분의 1만 보내면 될 법한 싸움이 되는 것입니다. 그러나 이러한 예상과 달리 이스라엘은 아이 성에서 패배하였습니다.

아이와의 싸움에서 패배는 이스라엘 가운데 큰 충격이었습니다. 이는 이스라엘이 가나안 사람들에게 더 이상 두려움의 대상이 아니다는 의미가 되는 것입니다. 싸움에 승리하기 위해서는 담대하여야 합니다. 두려움이 없어야 합니다. 두려움에 있고는 싸움에서 이길 수 없는 것입니다. 하나님의 권능으로 말미암아 이미 가나안 땅으로 두려움으로 점령당하였습니다. 하나님께서는 이스라엘 백성들로 홍해를 건너게 하셨습니다. 그리고 애굽의 군사들을 홍해 바다에 수장하셨습니다. 하나님께서는 아무것도 없는 사람이 살 수 없는 저 광야에서 이스라엘 백성들을 40년 동안 살아있게 하셨습니다. 그들은 하늘의 신령한 음식을 먹으며 살았습니다. 세상 사람들의 눈으로 볼 때에 이스라엘 사람들은 참으로 귀신처럼 느껴졌을 것을 것입니다. 사람이 상대할 수 없는 상대였습니다. 하늘의 신령한 도우심을 받으며 그들 가운데 들어올 때에 이미 요단 동편에서 아모리 왕 시혼과 바산 왕 옥이 점령당하였습니다. 요단 동편은 요단 서편보다 더 비옥한 땅으로서 그곳을 차지한 나라는 크고 견고한 나라였습니다. 그들은 물이 불어 건널 수 없는 시기에 요단강을 건넜습니다. 소문에 의하여 그 광경을 본 사람들에 의하면 그들이 요단을 건널 때에 마치 보이지 않는 댐이 요단에 세워진 것처럼 물이 흐르지 않고 쌓이고 이스라엘은 요단을 건넜습니다. 더 나아가 난공불락의 성인 여리고 성이 점령당하였습니다. 도저히 그들은 싸울 수 있는 대상이 아니었습니다. 그런데 그들이 이제 아이에게 패배하였다는 것은 이 모든 두려움의 안개가 걷힘을 의미하는 것입니다.

이스라엘 백성들이 여리고를 일주일 동안 일곱 바퀴를 돌았다는 것은 얼마나 여리고에, 더 나아가 가나안 땅에 두려움이 가득했는가를 알 수 있습니다. 다윗과 골리앗이 대결하기 앞서 골리앗이 40일 동안 조석으로 이스라엘을 향하여 외쳤습니다. 그러나 어느 누구도 싸우러 나갈 수 없었습니다. 이스라엘은 골리앗을 두려워했기 때문입니다. 동일하게 여리고 성에 이스라엘이 일주일 동안 돌았지만 여리고 성의 아무도 이스라엘과 싸우지 않았습니다. 이는 여리고 성에 두려움이 가득했던 것입니다. 그러나 아이 성의 패배는 이러한 두려움이 걷히는 것입니다.

여호수아의 잘못은 무엇입니까?

그의 실패는 바로 묻지 않았다는 것입니다. 하나님께 묻지 않았습니다. 이제 그는 하나님께 물음이 됩니다. 그리고 그는 이 일이 바로 아간의 범죄로 말미암음을 알게 되고 결국 이 일을 해결하고 아이 성을 점령하게 됩니다.

두 번째 여호수아의 실패는 바로 기브온 사람들과 조약을 맺은 사건입니다. 아이러니하게도 여호수아의 두 번의 실패가 연속적으로 나옵니다. 아이성 싸움 후가 바로 기브온과의 조약이 됩니다. 기브온 사람들은 이스라엘과 싸움에서 승리할 수 없음을 알고 다른 모든 가나안 사람들이 연합군을 결성하여 이스라엘과 싸움에 반해서 그들 자신을 먼 나라의 사람들로 위장하고 사신을 보내어 이스라엘과 평화 조약을 맺게 됩니다.

그들은 해어진 전대와 해어지고 찢어져서 기운 가죽 부대를 가졌습니다. 그 발에서 낡아서 기운 신을 신고 낡은 옷을 입고 다 마르고 곰팡이 난 떡을 준비하여 철저하게 그들이 먼 나라에서 왔음을 위장하였습니다. 그들은 여호수아에게 우리는 당신들의 종이니이다고 하였으며 자신들의 믿음과 신앙 더 나아가 자신들의 고생스러움을 말하며 이스라엘의 마음을 움직였습니다. 결국 여호수아는 그들과 조약을 맺게 됩니다. 이는 이스라엘의 실수였으며, 지도자인 여호수의 실수입니다. 문제는 그들이 속았다는 것에 있지 않습니다. 왜냐하면 인생은 속을 수밖에 없는 한계와 연약함이 언제든 있기 때문입니다. 더 큰 문제는 그들이 속았다는 것에 있지 않고 이 중요한 일을 결정함에 있어서 묻지 않았다는 것입니다.

"무리가 그들의 양식을 취하고는 어떻게 할지를 여호와께 묻지 아니하고 여호수아가 곧 그들과 화친하여 그들을 살리리라는 조약을 맺고 회중 족장들이 그들에게 맹세하였더라"(수 9:14-15)

묵 상

01   가나안 족속의 연합함이 주는 교훈은 무엇입니까?

02   이스라엘의 실수에 관하여 나누어 봅시다.

03   기브온의 성막에서 종 됨의 저주를 레위를 향한 야곱의 저주와 비교하여 봅시다.

되새김

기브온 우호 조약은 비록 아이 성 싸움에서 실패와 같은 큰 좌절과 낙심함을 주지 않았음에도 불구하고 이는 결국 하나님의 말씀을 어긴 결과를 낳은 치명적인 실수라 아니할 수 없습니다. 이는 성도의 매일의 삶이 순간순간 하나님께 귀 기울이지 않고는 도저히 승리된 삶을 살 수 없음을 다시금 보여주시는 사건입니다.

PART

10

기브온의 구조 요청
10장1~27절

Key Point

기브온과 이스라엘의 화친으로 더욱 큰 위협감을 느낀 예루살렘 왕 아도니세덱은 아모리 왕들과 연합군을 조직하여 먼저 기브온에 대하여 보복전을 감행합니다. 이에 기브온이 이스라엘에게 도움을 요청하며 이스라엘은 아모리 다섯 왕을 도륙합니다. 곧 하나님께서는 이 어려움을 통해서 하나님께서 싸우심과 또한 이스라엘이 싸우는 대적에게 하나님께서 어떻게 행하실 것임을 보이십니다.

본문 이해

6-8장의 가나안 중부 점령은 여리고 성과 아이 성으로 대표하며, 9-10장의 가나안 남부 점령은 예루살렘 왕 아도니세덱의 주도로 이루어진 연합군과의 싸움으로 이루어집니다. 가나안 남부 점령은 연합군과의 싸움이며, 또한 남부 연합군들이 이스라엘과 화친의 조약을 맺은 기브온을 침으로 시작되는 특징이 있습니다. 이스라엘이 연합군과 싸워 승리한 것은 그들의 힘과 능력이 아닌 하나님의 도우심과 함께 하심으로 말미암은 일입니다.

■ 여호수아 10장1-43절의 구조적 이해

　수 10:1-2: 예루살렘 왕 아도니세덱의 두려움

　수 10:3-5: 아모리 족속 다섯 왕의 기브온 대적

　수 10:6: 기브온의 구조 요청

　수 10:7-11: 이스라엘의 참전과 승리

　수 10:12-15: 해와 달이 멈춤

　수 10:16-21: 아모리 다섯 왕을 막게다 굴에 가둠

　수 10:22-27: 아모리 다섯 왕의 처형

　수 10:28-39: 가나안 남부 점령

　수 10:40-43: 가나안 남부 점령 완성

"그 때에 여호수아가 아이를 빼앗아 진멸하되 여리고와 그 왕에게 행한 것 같이 아이와 그 왕에게 행한 것과 또 기브온 주민이 이스라엘과 화친하여 그 중에 있다 함을 예루살렘 왕 아도니세덱이 듣고 크게 두려워하였으니 이는 기브온은 왕도와 같은 큰 성임이요 아이보다 크고 그 사람들은 다 강함이라"(1-2절)

예루살렘 왕 아도니세덱은 여호수아가 아이를 빼앗아 진멸하되 여리고와 그 왕에게 행한 것같이 아이와 그 왕에게 행한 것과 또 기브온 주민이 이스라엘과 화친하여 그 중에 있다함을 들었습니다. 이에 아도니세덱은 기브온은 왕도와 같은 큰 성이며 아이보다 크고 그 사람들이 강함에도 불구하고 이와같이 행하였음으로 인해 두려워하였습니다.

말씀이 먼저 아도니세덱의 두려움을 전하는 것은 믿음의 사람들이 모든 싸움에 있어서 담대해야 할 이유가 어디에 있는가를 알게 하십니다. 만일 세상에 두려움이 없다면 그것은 아직 두려움을 알지 못하는 것뿐입니다. 비록 다윗은 골리앗 앞에 섰지만 그가 담대했던 이유가 여기에 있는 것입니다. 앞선 가데스 바네아에서 여리고 성을 정탐하였던 자들과 이스라엘의 두려움을 상기하여야 합니다. 믿음의 사람들은 오히려 담대해야 할 것입니다. 두려움은 불신앙으로 말미암은 것이며 이 두려움은 성도의 것이 아닌 세상의 것입니다.

2. 아도니세덱의 연합군을 살펴봅시다(3-5절).

옛 시대에 소돔과 고모라와 아드마, 스보임, 소알의 가나안 남부의 나라들이 북방의 엘람왕 그돌라오멜을 섬기다가 배신하여 북방의 연합군과 남방의 연합군이 싸웠던 바와 같이(창 14:1-12) 아도니세덱은 헤브론 왕 호함과 야르뭇 왕 비람과 라기스 왕 야비아와 에글론 왕 드빌에게 이스라엘 자손과 화친한 기브온을 치자 하였습니다. 이에 아모리 다섯 왕, 즉 예루살렘 왕, 헤브론 왕, 야르뭇 왕, 라기스 왕, 에글론 왕이 함께 모여 자기들의 모든 군대를 거느리고 올라와서 기브온과 대진하여 싸웠습니다.

3. 기브온 사람들의 구조 요청을 살펴봅시다(6-7절).

기브온 사람들이 길갈 진에 사람을 보내어 여호수아에게 당신의 종들 돕기를 더디게 마시고 속히 우리에게 올라와서 우리를 구하소서 산지에 거주하는 아모리 사람의 왕들이 다 모여 우리를 치나이다라 하였습니다. 이에 여호수아는 모든 군사와 용사로 더불어 길갈에서 올라왔습니다.

4. 기브온의 구조 요청에 대한 하나님의 말씀은 무엇입니까?(8절)

때에 여호와께서 여호수아에게 이르시되 그들을 두려워하지 말라 내가 그들을 네 손에 넘겨 주었으니 그들 중에서 한 사람도 너를 당할 자 없으리라 말씀하셨습니다.

5. 아모리 다섯 왕과 이스라엘의 싸움 가운데 하나님의 싸우심에 관하여 살펴봅시다(9-11절).

여호수아가 길갈에서 밤새도록 올라가서 그들에게 갑자기 이르니 여호와께서 그들을 이스라엘 앞에서 패하게 하시므로 여호수아가 그들을 기브온에서 크게 살육하고 벧호론에 올라가는 비탈에서 추격하여 아세가와 막게다까지 이르렀습니다. 그들이 이스라엘 앞에서 도망하여 벧호른의 비탈에서 내려갈 때에 여호와께서 하늘에서 큰 우박 덩이를 아세가에 이르기까지 내리시므로 그들이 죽었으니 이스라엘 자손의 칼에 죽은 자보다 우박에 죽은 자가 더욱 많았습니다.

6. 태양이 멈추는 이적에 관하여 살펴봅시다(12-14절).

여호와께서 아모리 사람을 이스라엘 자손에게 넘겨 주시던 날에 여호수아가 여호와께 아뢰어 이스라엘 목전에서 이르기를 '태양아 너는 기브온 위에 머무르라 달아 너도 아얄론 골짜기에 그리할지어다' 하매 태양이 머물고 달이 멈추기를 백성이 그 대적에게 원수를 갚기까지 하였습니다. 이는 야살의 책에 기록되어 있습니다. 여호와께서 사람의 목소리를 들으신 이같은 날은 전에도 없었고 후에도 없었습니다. 이는 여호와께서 이스라엘을 위하여 싸우셨음입니다.

히스기야 시대에 하나님께서는 해 그림자를 십도 뒤로 물러가게 하셨습니다. 여호수아 시대와 히스기야 시대는 하나님께서 태양을 멈추시고 또한 뒤로 물러가게 하신 두 번의 사건이 됩니다. 성경의 두 번의 사건은 확실성에 대한 말씀으로 이 모든 것이 우연이 아닌 하나님께로 말미암음을 증거하심이 됩니다.

"이사야가 이르되 여호와께서 하신 말씀을 응하게 하실 일에 대하여 여호와께로부터 왕에게 한 징표가 임하리이다 해 그림자가 십도를 나아갈 것이니이까 혹 십도를 물러갈 것이니이까 하니 히스기야가 대답하되 그림자가 십도를 나아가기는 쉬우니 그리할 것이 아니라 십도가 뒤로 물러갈 것이니이다 하니라 선지자 이사야가 여호와께 간구하매 아하스의 해시계 위에 나아갔던 해 그림자를 십도 뒤로 물러가게 하셨더라"(왕하 20:9-11)

7. 아모리 다섯 왕의 가둠과 연합군의 후군을 침을 살펴봅시다(15-21절).

가나안의 산악 지역에는 석회암으로 된 큰 동굴이 자주 발견됩니다. 이 동굴들은 때때로 도피처로 활용되기도 하는데 혹이 여호수아에게 다섯 왕이 도망하여 막게다의 굴에 숨었음을 고하였습니다. 여호수아는 굴 어귀에 큰 돌을 굴려 막고 사람을 그 곁에 두어 그들을 지키게 하고 나머지 후군을 쳐서 그들의 견고한 성읍에 들어가지 못하게 하라 하였습니다. 이는 이 군사들이 성읍에 들어가 또 다른 연합군 세력을 형성하지 못하게 하기 위함입니다. 여호수아와 이스라엘 자손이 그들을 크게 살육하여 거의 멸하였고 그 남은 몇 사람만이 견고한 성들로 들어갈 뿐이었습니다. 이에 모든 이스라엘 백성이 평안히 막게다 진영으로 돌아와 여호수아에게 이르렀을 대에 혀를 놀려 이스라엘 자손을 대적하는 자가 없었습니다.

8. 죽임 당한 아모리 다섯 왕의 최후의 모습에 관하여 살펴봅시다(22-27절).

여호수아는 막게다의 굴에 가두어 두었던 다섯 왕을 끌어내라 하고 자기와 함께 갔던 지휘관들에게 가까이 와서 이 왕들의 목을 발로 밟으라 하였습니다. 그리고 그들에게 말하기를

"두려워하지 말며 놀라지 말고 강하고 담대하라 너희가 맞서서 싸우는 모든 대적에게 여호와께서 다 이와 같이 하시리라"(25절)

라고 하였습니다. 여호수아가 지휘관들에게 왕들의 목을 발로 밟으라 함은 그리스도께서 사단의 목을 밟으시는 종말론적인 일을 예고하는 것입니다.

"여호와께서 내 주에게 말씀하시기를 내가 네 원수들로 네 발판이 되게 하기까지 너는 내 오른쪽에 앉아 있으라 하셨도다"(시 110:1, 빌 2:10, 히 2:8)

그 후에 여호수아가 그 왕들을 쳐죽여 다섯 나무에 매어 달고 석양까지 나무에 달린 대로 두었다가 해질 때에 여호수아가 명하매 그 시체를 나무에서 내리어 그들의 숨었던 굴에 안에 던지고 굴 어귀를 큰 돌

로 막았습니다. 시체를 나무에 매달음은 이들에 대한 저주이며 동시에
이들의 시체를 해지기 전에 처리함은 땅을 보호하는 율법에 대한 순종
이었습니다.

"사람이 만일 죽을 죄를 범하므로 네가 그를 죽여 나무 위에 달거든
그 시체를 나무 위에 밤새도록 두지 말고 그 날에 장사하여 네 하나님
여호와께서 네게 기업으로 주시는 땅을 더럽히지 말라 나무에 달린 자
는 하나님께 저주를 받았음이니라"(신 21:22-23)

묵상

01 예루살렘 왕 아도니세덱의 연합군의 조직으로부터 얻는 교훈은 무엇입니까?

02 아모리 연합군과의 싸움에서 하나님의 도우심은 무엇을 말씀하십니까?

03 연합군의 조직과 이들의 진멸로 통해서 우리는 어떠한 교훈을 얻을 수 있습니까?

되새김

막게다 굴에서 자신들의 안식처로 삼은 다섯 왕들은 그 안식처가 그들의 무덤이 되었습니다. 세상 속에서 안식처를 삼고 세상 속에서 보호를 받는 자의 최후에 관하여 성경은 보여주시고 있습니다. 아모리의 연합군과의 싸움에서 다시 한 번 하나님께서는 이스라엘을 위하여 싸우심을 가르치십니다. 우리는 오직 하나님을 의지하며 날마다 우리들을 위하여 싸우시는 하나님을 경험하여야 하겠습니다.

PART

11

가나안 남부 지역 점령
10장28~43절

Key Point

여리고, 아이, 기브온으로 이어지는 중부 지역에 대한 점령과 앞선 가나안 남부지역 다섯 왕의 동맹, 기브온의 구조 요청으로 인한 전쟁에서 승리한 이스라엘은 이에 대한 여세를 몰아 가나안 남부지역을 점령하고 길갈로 돌아오게 됩니다. 이로써 앞으로 이스라엘은 가나안 북부 지역의 점령만을 남겨 두게 됩니다.

앞선 가나안 남부 다섯 왕의 연합군을 격파한 여호수아는 그 여세를 몰아 가나안 남부를 단번에 정복합니다. 앞선 큰 싸움에서 이기게 하신 하나님께서는 계속적인 승리를 이스라엘 가운데 주셨습니다.

1. 가나안 남부의 다섯 동맹군을 격파한 후 가나안 남부 전역에 대한 정복 사업을 살펴봅시다(28-39절).

  1) 막게다(28절)

"그 날에 여호수아가 막게다를 취하고 칼날로 그 성읍과 왕을 쳐서 그 성읍과 그 중에 있는 모든 사람을 진멸하여 바치고 한 사람도 남기지 아니하였으니 막게다 왕에게 행한 것이 여리고 왕에게 행한 것과 같았더라"(28절)

막게다 왕에게 행한 것이 여리고 왕에게 행한 것과 같았습니다.

  2) 립나(29-30절)

립나 왕에게 행한 것이 여리고 왕에게 행한 것과 같았습니다.

  3) 라기스(31-32절)

라기스를 쳐서 멸한 것이 립나에 행한 것과 같았습니다.

4) 게셀 왕 호람(33절)

게셀 왕 호람이 라기스를 도우려고 올라오므로 여호수아가 그와 그 백성을 쳐서 한 사람도 남기지 않았습니다. 악인에 동조하는 자들은 그 악인과 함께 멸망하게 되는 것입니다.

5) 에글론(34-35절)

여호수아가 에글론에게 나아가서 대진하여 싸울 때에 그 날에 그 성읍을 취하고 칼날로 그것을 쳐서 그 중에 있는 모든 사람을 당일에 진멸하여 바쳤습니다. 곧 라기스에 행한 것과 같았습니다.

6) 헤브론(36-37절)

헤브론을 쳐서 진멸하여 바친 것이 에글론에 행한 것과 같았습니다.

7) 드빌(38-39절)

드빌과 그 왕에게 행한 것이 헤브론에 행한 것과 같았으며 립나와 그 왕에게 행한 것과 같았습니다.

2. 가나안 남부 지역의 지리적인 특성을 살펴봅시다(40절).

가나안 남부 지역은 산지와 남방, 평지, 경사지로 나누어집니다. 첫째, 유대의 높은 지대로서 산지와 둘째 남방으로 표현되는 네게브 지역으로 남부의 사막으로 길게 뻗어 있는 건조한 지역 셋째, 평지 즉 세펠라라고 불리는 산록의 평지, 마지막으로 사해 쪽으로 경사진 곳으로 나누어집니다.

3. 추가적으로 이스라엘이 점령한 가나안 남부 지역은 어디로부터 어디까지 입니까?(41절)

여호수아는 또 가데스바네아에서 가사까지와 온 고센땅을 기브온에 이르기까지 쳤습니다. 가데스바네아에서 가사까지는 가나안 남방으로부터 북서쪽 방면을 나타내며, 고센 땅에서 기브온에 이르기까지는 가나안 남방으로부터 북동쪽 방면을 각각 언급하는 것입니다.

4. 가나안 남부지방 점령의 두 가지 특징은 무엇입니까?(42절)

첫째, 이 정복 사업은 사람의 힘에 의한 전쟁이 아니라 하나님께서 이스라엘을 위하여 싸우신 전쟁이었습니다. 둘째, 여호수아는 이 모든 왕과 그 땅을 단번에 취하였습니다.

"이스라엘의 하나님 여호와께서 이스라엘을 위하여 싸우셨으므로 여호수아가 이 모든 왕들과 그들의 땅을 단번에 빼앗으니라"(42절)

5. 가나안 남부지방의 점령을 마치고 여호수아는 어디로 돌아갔습니까?(43절)

가나안 남부지방의 점령을 마치고 여호수아는 온 이스라엘과 더불어 길갈 진영으로 돌아왔습니다.

묵상

01 가나안 남부지방의 점령의 시작의 계기와 그 결과를 살펴보고 이를 통해서
    얻을 수 있는 교훈을 생각해 봅시다.

02 계속되는 이스라엘의 승리를 통해서 얻을 수 있는 교훈은 무엇입니까?

03 우리가 손쉽게 삶 속에서 승리할 수 있는 법은 무엇입니까?

되새김

삶의 잦은 실패 속에 있는 성도들은 가나안 정복의 말씀을 읽으며 다시금 위로를
얻어야 할 것입니다. 하나님에 의한 전쟁에는 이처럼 승리의 연속됨이 있는 것입
니다. 우리들의 삶 속에서 여러 가지 문제들 속에서도 사람의 손과 사람의 방법
이 아닌 하나님에 의한 승리됨을 간구하여야 하겠습니다. 그러나 무엇보다도 주
의해야 할 것은 가나안 정복을 통해서 우리는 우리 마음 안에 이루어야 할 하나님
나라에 대해서 점령하고 있는 세상의 것들을 쫓는 적용함을 가져야 할 것입니다.

PART

12

가나안 북부 지역 점령
11장1~15절

Key Point

여호수아 11장은 가나안 중부 지방, 남부 지방에 이어 북부 지방 점령의 말씀입니다. 곧
여리고 전투에서부터 시작된 정복 전쟁은 하솔을 중심으로 한 북부 연합군과의 싸움의
승리로 말미암아 종식됩니다.

본문 이해

　여리고 성과 아이 성의 가나안 중부 점령과(6-8장) 예루살렘왕 아도니세덱에 의한 연합군을 단번에 점령한 가나안 남부 점령에(9-10장) 이어 하솔 왕 야빈에 의한 연합군을 대적한 가나안 북부 점령이 시작되었습니다. 가나안 북부는 남부와 같이 연합군을 결성하였으나 가나안 남부 연합군과 달리 이스라엘을 직접적으로 대적하였으며, 그 수와 군사력은 남부와 비교되지 않을 만큼 막강하였습니다. 그러나 애굽의 군대를 홍해 바다에 수장케 하셨으며, 우박을 내리시고, 태양을 멈추어 이스라엘을 도우시며 가나안 남부를 단번에 쓸어버리신 하나님의 능력이 또한 가나안 북부 점령에도 이어집니다. 싸움의 승패는 사람에게 있지 않습니다.

■ 여호수아 11장1-15절의 구조적 이해
　　수 11:1-5: 하솔의 가나안 북부 연합군 결성
　　수 11:6: 여호수아에게 주신 여호와의 말씀
　　수 11:7-9: 가나안 북부 연합군에 대한 이스라엘의 승리
　　수 11:10-15: 가나안 북부 지역의 정복

1. 가나안 북부 연합군을 소집한 사람은 누구입니까?(1절)
　하솔 왕 야빈

2. 가나안 북부 연합군을 살펴봅시다(1-4절).

하솔 왕 야빈이 이스라엘의 이스라엘 남부 지방의 점령에 대한 소식을 듣고 마돈 왕 요밥과 시므론 왕과 악삽 왕과 및 북쪽 산지와 긴네롯 남쪽 아라바와 평지와 서쪽 돌의 높은 곳에 있는 왕들과 동쪽과 서쪽의 가나안 족속과 아모리 족속과 헷 족속과 브리스 족속과 산지의 여부스 족속과 미스바 땅 헤르몬 산 아래 히위 족속에게 사람을 보내어 그 군대를 거느리고 나왔습니다. 백성이 많아 해변의 수많은 모래 같고 말과 병거도 심히 많았습니다.

3. 가나안 북부 연합군이 진친 곳은 어디입니까?(5절)

메롬 물 가

4. 하나님께서 여호수아에게 하신 말씀을 살펴봅시다(6절).

여호와께서 여호수아에게 "그들로 말미암아 두려워하지 말라 내일 이맘때에 내가 그들을 이스라엘 앞에 넘겨 주어 몰살시키리니 너는 그들의 말 뒷발의 힘줄을 끊고 불로 그 병거를 불사르라"라고 말씀하셨습니다.

5. 가나안 북부 연합군과 싸움의 전략은 무엇입니까?(7절)

여호수아는 모든 군사와 함께 메롬 물가로 가서 갑자기 습격하였습니다.

6. 가나안 북부 연합군과의 싸움의 결과는 어떠했습니까?(8-9절)

싸움의 결과 이스라엘이 승리하게 된 것은 습격에 의한 것이 아니라 여호와께서 그들을 이스라엘의 손에 넘겨 주셨기 때문입니다. 곧 이스라엘은 그들을 격파하고 큰 시돈과 미스르봇 마임까지 추격하고 동쪽으로는 미스바 골짜기까지 추격하여 한 사람도 남기지 아니하고 쳐 죽였습니다.

7. 여호수아의 순종의 모습을 살펴봅시다(9-15절).

여호수아는 여호와께서 자기에게 명령하신 대로 행하여 가나안 북부 연합군의 말 뒷발의 힘줄을 끊고 불로 그 병거를 불살랐습니다(9절). 여호수아는 여호와의 말씀에 순종했을 뿐만 아니라 여호와의 종 모세가 명한 것을 순종하여 그 왕들의 모든 성읍과 그 모든 왕을 붙잡아 칼날로 쳐서 진멸하여 받쳐 여호와의 종 모세의 명한 것과 같이 하였습니다(12절, 민수기 33장50-56절). 곧 여호와께서 그 종 모세에게 명령하신 것을 모세는 여호수아에게 명령하였고 여호수아는 그대로 행하여 여호와께서 무릇 모세에게 명령하신 것을 하나도 행치 아니한 것이 없었습니다(15절).

"여호와께서 그의 종 모세에게 명령하신 것을 모세는 여호수아에게 명령하였고 여호수아는 그대로 행하여 여호와께서 모세에게 명하신 모든 것을 하나도 행하지 아니한 것이 없었더라"(15절)

계속해서 반복되는 말씀은 여호수아의 말씀에 대한 순종입니다(9, 12, 15절). 결국 전쟁의 승패는 이스라엘의 힘과 능력에 있었던 것이 아닌 말씀에 대한 순종에 있었습니다.

"여호수아가 여호와께서 자기에게 명령하신 대로 행하여 그들의 말 뒷발의 힘줄을 끊고 그들의 병거를 불로 살랐더라"(9절)

"여호수아가 그 왕들의 모든 성읍과 그 모든 왕을 붙잡아 칼날로 쳐서 진멸하여 바쳤으니 여호와의 종 모세가 명령한 것과 같이 하였으되"(12절)

"여호와께서 그의 종 모세에게 명령하신 것을 모세는 여호수아에게 명령하였고 여호수아는 그대로 행하여 여호와께서 모세에게 명하신 모든 것을 하나도 행하지 아니한 것이 없었더라"(15절)

8. 가나안 북부 연합군과의 싸움의 승리 후 전리품 처리를 살펴봅시다(10-15절).

여호수아는 하솔만 불살랐고 산 위에 세운 성읍들은 이스라엘이 불 사르지 않았습니다. 그 성읍들의 모든 재물과 가축은 이스라엘 자손들이 탈취하고 모든 사람은 칼날로 쳐서 멸하여 호흡이 있는 자는 하나도 남기지 않았습니다.

묵상

01 가나안 북부 연합군과의 싸움이 주는 교훈에 관하여 나누어봅시다.

02 말 뒷발의 힘줄을 끊고 병거를 불사르라 말씀하신 이유는 무엇입니까?
    이스라엘이 참으로 의지하여야 할 것은 세상적인 힘이 아니라 바로 하나님
    이심을 나타내시는 것입니다.

03 하나님께 향한 순종과 사람에게 향한 순종을 나누어 봅시다.

되새김

반복되는 승리에도 불구하고 이스라엘은 하나님을 경외치 않는다면 두려움 가
운데 넘어질 수밖에 없는 자들이었습니다. 이들의 승리는 이스라엘 자신들로 말
미암은 것이 아닌 하나님께로 말미암은 것입니다. 곧 이스라엘이 가나안 땅을
차지하기까지 많은 역경과 어려움에도 불구하고 온전한 순종으로 말미암아 하
나님께서 약속하신 것들을 다 취하였음을 바라보며 천국을 향한 우리들의 삶 또
한 많은 어려움과 곤란에도 불구하고 하나님을 경외함과 순종함으로 이기는 자
들이 되어야 하겠습니다.

PART

13

정복 사업의 요약
11장16~12장24절

Key Point

가나안 북부 점령에 이어지는 말씀은 이스라엘의 가나안 정복에 대한 마무리와 지금까지 이스라엘의 가나안 정복을 정리하고 있습니다. 이 명단에는 모세가 정복한 요단 동편의 두 왕이 추가적으로 나타납니다. 하나님께서 약속하신 대로 이스라엘은 가나안 땅을 정복하고 그 땅을 그들에게 기업으로 주셨습니다.

본문 이해

6-8장의 가나안 중부 점령, 9-10장의 남부 점령, 11장의 북부점령에 이어 11장16절-12장은 가나안 정복 전쟁을 요약합니다.

■ 여호수아 11장16-12장24절의 구조적 이해

　　수 11:16-20: 가나안 정복사업의 회고

　　수 11:21-23: 아낙 자손의 진멸 회고와 전쟁의 종식

　　수 12:1-6: 여호수아가 정복한 요단 동쪽의 왕들

　　수 12:7-24: 여호수아가 정복한 요단 서쪽의 왕들

1. 여호수아가 정복한 가나안 영토의 범위를 살펴봅시다(16-17절).

여호수아는 산지와 온 네겝과 고센 온 땅과 평지 곧 가나안 남부지방과(10:40-41) 아라바와 이스라엘의 산지와 그 평지 곧 가나안 북부지방을 점령하였습니다. 보다 구체적으로 여호수아가 정복한 영토는 가나안 땅의 남쪽 한계선인 브엘세바의 남쪽 42km 지점에 있는 할락 산에서부터 북쪽 한계선인 헤르몬 산 아래 레바논 골짜기의 바알갓까지입니다.

2. 여호수아가 가나안을 정복한 시일은 얼마나 걸렸습니까?(18절)

"여호수아가 그 모든 왕들과 싸운 지가 오랫동안이라"(18절)

본절에서는 다만 '오랫동안'이라 하였지만 함께 가데스바네아에서 정탐군으로 보내진 바 있던 갈렙이 그 날에 40세였으나 땅의 분배를 받던 날에 85세였음을 밝힘은(수 14:6-12) 가데스바네아 사건이 출애굽 2년인 것과 광야의 40년 세월을 염두할 때에 가데스 바네아 이후 38년간 광야 생활을 마치고 7년의 정복 전쟁이 있은 후에 땅의 분배가 이루어졌음을 알 수 있게 합니다.

3. 이스라엘의 가나안 정복 전쟁에서 유일하게 살아남은 사람들은 누구입니까?(19절)

"기브온 주민 히위 족속 외에는 이스라엘 자손과 화친한 성읍이 하나도 없고 이스라엘 자손이 싸워서 다 점령하였으니"(19절)

이스라엘을 속이고 이스라엘과 화친한 히위 족속 기브온 주민 외에는 이스라엘 자손과 화친한 성읍이 하나도 없고 이스라엘 자손이 싸워서 다 점령하였습니다.

4. 가나안 거민의 마음이 강퍅하게 된 이유는 무엇입니까?(20절)

그들의 마음이 완악하여 이스라엘을 대적하여 싸우러 온 것은 여호와께서 하신 것입니다. 그들을 진멸하여 바치게 하여 은혜를 입지 못하게 하시고 여호와께서 모세에게 명령하신 대로 그들을 멸하려 하심입니다.

5. 여호수아의 아낙 사람의 멸절케 함에 관하여 살펴봅시다(21-22절).

여호수아가 산지와 헤브론과 드빌과 아납과 유다 온 산지와 이스라엘의 온 산지에서 아낙 사람들을 멸절하고 그가 또 그 성읍들을 진멸하여 바쳤으므로 이스라엘 자손의 땅 안에는 아낙 사람들이 하나도 남지 않았고 가사와 가드와 아스돗에만 남았습니다.

6. 이스라엘 자손이 요단 저편 해 돋는 쪽 곧 아르논 골짜기에서 헤르몬 산까지의 동쪽 온 아라바를 차지하고 그 땅에서 쳐 죽인 왕들을 살펴봅시다(12장1-6절).

1) 헤스본에 거하던 아모리 사람의 왕 시혼이 다스리던 땅은 어디입니까?(12:2-3)

그 땅은 아르논 골짜기 가에 있는 아로엘에서부터 골짜기 가운데 성읍과 길르앗 절반 곧 암몬 자손의 경계 얍복 강까지며 또 동방 아라바 긴네롯 바다까지며 또 동방 아라바의 바다 곧 염해의 벧여시못으로 통한 길까지와 남편으로 비스가 산기슭까지입니다.

2) 르바의 남은 족속으로서 아스다롯과 에드레이에 거하던 바산 왕 옥이 다스리던 땅은 어디입니까?(4-5절)

그 땅은 헤르몬 산과 살르가와 온 바산과 및 그술 사람과 마아가 사람의 경계까지의 길르앗 절반으로 헤스본 왕 시혼의 경계에 접한 것입니다.

3) 요단 동편의 시혼과 옥이 다스리던 땅을 차지한 모세는 이 땅을 누구에게 기업으로 주었습니까?(6절)

여호와의 종 모세는 요단 동편 땅을 차지하고 그 땅을 르우벤 사람과 갓 사람과 므낫세 반 지파에게 기업으로 주었습니다.

7. 이스라엘이 점령한 가나안 31개 성읍을 나열하여 봅시다(7-24절).

1. 여리고 2. 벧엘 곁의 아이, 이상이 중부의 2개 성읍입니다.

1. 예루살렘 2. 헤브론 3. 야르뭇 4. 라기스 5. 에글론 6. 게셀 7. 드빌 8. 게델 9. 호르마 10. 아랏 11. 립나 12. 아둘람 13. 막게다 14. 벧엘, 이상이 남부의 14개 성읍입니다.

1. 답부아 2. 헤벨 3. 아벡 4. 라사론 5. 마돈 6. 하솔 7. 시므론 므론 8. 악삽 9. 다아낙 10. 므깃도 11. 게데스 12. 갈멜의 욕느암 13. 돌의 높은 곳의 돌 14. 길갈의 고임 15. 디르사, 이상이 북부의 15개 성읍입니다.

따라서 중부의 2개 성읍과 남부의 14개 성읍과 북부의 15개 성읍 총 31개 성읍이 됩니다.

묵상

01 이스라엘이 정복한 성읍과 왕들의 이름을 구체적으로 나열함을 통해 성경이 보이시는 바는 무엇입니까?

02 하나님께서 사람들의 마음을 강퍅케 하시는 이유는 무엇입니까?

03 하나님께서 약속하신 가나안 땅을 들어감에 있어서 전쟁을 통해서 들어감을 통해서 성경이 가르치시는 바는 무엇입니까?

되새김

애굽의 종 되었던 자들이 이토록 가나안 땅을 정복할 수 있었던 것은 가나안 거민의 죄악에 대한 심판이며 동시에 아브라함에게 하신 하나님의 약속의 성취를 보여주시는 것입니다. 그러나 더 나아가 가나안 정복을 통해서 성도가 하나님 나라에 이르기까지 믿음의 싸움을 싸워야 하며 마침내 그 땅을 차지하게 됨을 소망 중에 보여주시는 것입니다.

여호수아

제2부

땅의 분배

요단 동편 땅의 분할
13장1~33절

Key Point

여호수아는 크게 '정복'에 관한 1-12장과 '분배'에 관한 13-24장으로 나누어집니다. 이제 이번 과는 '분배'에 대한 말씀의 서론으로서 하나님께서 여호수아를 통해서 땅의 분배를 명하십니다. 이미 요단 동편은 르우벤, 갓, 므낫세 반 지파에게 나누어주었으므로 그들에 대해서는 기업에 대한 서술만이 나타나며 땅의 분배의 명령은 오직 아홉 지파 반에게만 해당됩니다.

여호수아의 1부가 되는 '땅의 정복'에 관한 1-12장의 말씀을 마치며 13-24장의 '땅의 분배'에 관한 말씀이 이번 장으로부터 시작됩니다. 정복 전쟁에서 있어서 중부점령(6-8장), 남부점령(9-10장), 북부 점령(11-12장)의 순서로 진행된 바와 같이 땅의 분배의 말씀은 이미 땅의 분배가 이루어진 요단 동편의 세 지파의(13장)에 관한 말씀으로부터 시작하여 요단 서편의 아홉 지파 반(14-19장), 레위지파(20-21장)의 순서로 기업과 성읍에 관한 말씀이 이어지며, 마지막으로는 요단 동편 지파의 귀환(22장), 여호수아의 마지막 고별사(23장), 세겜 언약과 여호수아의 죽음(24장)으로 여호수아는 마무리됩니다. 특별히 정복에 있어서 세 차례의 중부, 남부, 북부의 점령이 있었던 바와 같이 땅의 분배에 있어서도, 요단 동편(수 13장)과 길갈(수 14장)과 실로(수 18장)에서 세 번의 분배가 있었습니다.

앞선 정복 전쟁은 여호수아의 영도하에 약 7년간의 전쟁이었습니다(수 14:10 참조). 그러나 향년이 110세인 여호수아임을 감안할 때에 이미 100세가 넘어 연로함으로 더 이상의 정복 전쟁의 어려움이 있었으며 이미 중요한 거점을 확보하였으므로 남겨진 땅은 각 지파별로 분배됨으로 맡겨집니다. 이후에 미정복된 땅들은 온전히 정복되지 못하다가 다윗왕 때에 비로소 정복됩니다. 이처럼 다윗 왕 때의 정복은 모든 정복의 마무리가 예수 그리스도의 오심으로 이루어지게 될 것을 예고하는 것입니다.

우리는 스스로 할 일이 없다고 생각할 수 있습니다. 그러나 영적인 눈을 뜨게 되면 우리에게는 아직도 미개척된, 정복되지 않은 땅들이 있음을 분별하여야 합니다.

■ 여호수아 13장의 구조적 이해
　　수 13:1-7: 미정복 지역과 분배 명령
　　수 13:8-13: 요단 동편의 분배와 미정복 족속
　　수 13:14: 레위 지파의 분배 제외 이유 1
　　수 13:15-23: 르우벤 지파의 기업
　　수 13:24-28: 갓 지파의 기업
　　수 13:29-31: 므낫제 반 지파의 기업
　　수 13:32-33: 레위 지파의 분배 제외 이유 2

1. 이스라엘이 아직 얻지 못한 남은 땅은 어디입니까?(1-6절)
　"여호수아가 나이가 많아 늙으매 여호와께서 그에게 이르시되 너는 나이가 많아 늙었고 얻을 땅이 매우 많이 남아 있도다"(1절)

남은 땅은 다음과 같습니다. 블레셋 사람의 모든 지역과 그술 족속의 모든 지역 곧 애굽 앞 시홀 시내에서부터 가나안 사람에게 속한 북쪽

에그론 경계까지와 블레셋 사람의 다섯 통치자들의 땅 곧 가사 족속과 아스돗 족속과 아스글론 족속과 가드 족속과 에그론 족속과 또 남쪽 아위 족속의 땅과 또 가나안 족속의 모든 땅과 시돈 사람에게 속한 므아라와 아모리 족속의 경계 아벡까지와 또 그발 족속의 땅과 해 뜨는 곳의 온 레바논 곧 헤르몬 산 아래 바알갓에서부터 하맛에 들어가는 곳까지와 또 레바논에서부터 미스르봇마임까지 산지의 모든 주민 곧 모든 시돈 사람의 땅입니다.

성도에게 미정복된 남은 땅이 가르치는 교훈은 무엇이겠습니까? 여전히 정복되지 않은 내 안의 성품으로부터 시작되어야 합니다. 하나님 나라는 이 세상 이전에 먼저 내 안에서 이루어져야 합니다. 또한 나의 가정과 교회에서부터 하나님의 나라는 성취되어야 합니다. 이러한 미정복된 남은 땅은 우리들의 영적인 각성과 긴장을 줌으로 깨어 있게 합니다.

2. 하나님께서 여호수아에게 명하신 것은 무엇입니까?(1-7절)

여호수아는 나이 많아 늙고 얻을 땅의 남은 것은 많았습니다. 그러므로 하나님께서는 여호수아에게 그 땅을 이스라엘에게 분배하여 요단 서편, 곧 가나안 땅을 아홉 지파와 므낫세 반 지파에게 나누어 기업이 되게 하라 하셨습니다. 곧 여호수아에 의해서 정복된 땅이 있고, 각 지파에 분배되어 정복되어야 할 땅이 있습니다.

3. 므낫세 반 지파와 함께 르우벤 족속과 갓 족속에게 요단 동편에서 모세가 준 땅은 어디입니까?(8-12절)

　가장 먼저 분배를 받은 것은 므낫세 반 지파와 르우벤, 갓 지파입니다. 이들은 이미 요단 동편에서 땅의 분배를 받았습니다.

　여호와의 종 모세가 그들에게 준 땅은 다음과 같습니다. 곧 아르논 골짜기 가에 있는 아로엘에서부터 골짜기 가운데 있는 성읍과 디본까지 이르는 메드바 온 평지와 헤스본에서 다스리던 아모리 족속의 왕 시혼의 모든 성읍 곧 암몬 자손의 경계까지와 길르앗과 및 그술 족속과 마아갓 족속의 지경과 온 헤르몬 산과 살르가까지 온 바산 곧 르바의 남은 족속으로서 아스다롯과 에드레이에서 다스리던 바산 왕 옥의 온 나라입니다.

4. 이스라엘 사람들이 요단 동편에서 쫓아내지 못한 사람들은 누구입니까?(13절)

　그술 족속과 마아갓 족속은 이스라엘 자손이 쫓아내지 아니하였으므로 그술과 마아갓이 당시에 이스라엘 가운데 거하였습니다.

5. 오직 레위 지파에게는 기업으로 준 것이 없는 이유는 무엇입니까?(14,33절)

　이는 이스라엘 하나님 여호와께 드리는 화제물이 그 기업이 되었기 때문이며 이스라엘 하나님 여호와가 그 기업이 되었습니다.

6. 르우벤 자손의 기업을 살펴봅시다(15-23절).

모세가 르우벤 자손의 지파에게 그 가족을 따라서 주었으니 그 지경은 아르논 골짜기 가에 있는 아로엘에서부터 골짜기 가운데 있는 성읍과 메드바 곁에 있는 온 평지와 헤스본과 그 평지에 있는 모든 성읍 곧 디본과 바못 바알과 벧 바알 므온과 야하스와 그데못과 메바앗과 기랴다임과 십마와 골짜기 언덕에 있는 세렛 사할과 벧브올과 비스가 산기슭과 벧여시못과 평지 모든 성읍과 헤스본에서 다스리던 아모리 족속의 왕 시혼의 온 나라입니다. 르우벤 자손의 서편 경계는 요단과 그 강 가입니다. 이상은 르우벤 자손의 기업으로 그 가족대로 받은 성읍들과 주변 마을들입니다.

7. 모세가 시혼을 죽일 때에 함께 죽인 자들은 누구입니까?(21절)

모세가 시혼을 그 땅에 거하는 시혼의 군주들 곧 미디안의 귀족 에위와 레겜과 술과 훌과 레바와 함께 죽였습니다. 이들은 미디안의 다섯 왕이었으나 시혼의 공격을 받아 시혼의 군주들로 전락하게 되었습니다.

8. 이스라엘 자손이 시혼의 방백들을 죽일 때에 함께 죽인 자는 누구입니까?(22절)

그는 이스라엘로 싯딤에서 타락하게 만든 브올의 아들 점술가 발람입니다. 이스라엘 자손이 시혼과 미디안의 다섯 군주들을 살육하는 중에 발람도 칼날로 죽였습니다.

9. 갓 지손의 기업을 살펴봅시다(24-28절).

　모세가 갓 지파 곧 갓 자손에게도 그들의 가족을 따라서 기업을 주었습니다. 그들의 지역은 야셀과 길르앗 모든 성읍과 암몬 자손의 땅 절반 곧 랍바 앞의 아로엘까지와 헤스본에서 라맛 미스베와 브도님까지와 마하나임에서 드빌 지역까지와 골짜기에 있는 벧 하람과 벧니므라와 숙곳과 사본 곧 헤스본 왕 시혼의 나라의 남은 땅 요단과 그 강 가에서부터 요단 동편 긴네렛 바다의 끝까지입니다. 이는 갓 자손의 기업으로 그들의 가족대로 받은 성읍과 주변 마을들입니다.

10. 므낫세 반 지파의 기업을 살펴봅시다(29-31절).

　모세가 므낫세 반 지파에게도 그들의 가족을 따라서 기업을 주었습니다. 그 지역은 마하나임에서부터 온 바산 곧 바산 왕 옥의 나라와 바산에 있는 야일의 모든 고을 육십 성읍과 길르앗 절반과 바산 왕 옥의 나라 성읍 아스다롯과 에드레이입니다. 이는 므낫세의 아들 마길의 자손에게 돌린 것으로 곧 마길 자손의 절반이 그 가족대로 받은 것입니다.

묵상

01 남은 땅이 주는 교훈은 무엇입니까?

02 기업이 주는 교훈은 무엇입니까?

03 가나안 정복이 완전히 이루어지지 않은 상태에서 하나님께서 여호수아에게 땅의 분배를 명하신 이유는 무엇입니까?

되새김

지금까지는 전쟁은 이스라엘이라는 전체 공동체에 의한 전쟁이었습니다. 그러나 땅이 분배되되 아직 차지하지 못한 남겨진 땅이 분배되었다는 사실은 땅의 기업으로 받는 은혜만을 보이시는 것이 아니라 각 지파가 자신의 영역에서 이루어야 할 사명을 주시는 것입니다. 곧 우리는 영원한 도성인 하늘 도성에 이르기까지 우리들에게 분배된 영역에서 온전히 하나님 나라를 일구어야 할 것입니다.

PART

15

길갈에서 행한 땅의 분할
14장1~15절

Key Point

구체적인 가나안 땅의 분배가 이루어지기 전에 가나안 땅에 대한 우선권을 주장하는 갈렙의 신앙을 엿볼 수 있습니다. 갈렙의 주장은 공동체에게 어떠한 편견과 차별에 대한 불평을 자아내는 그러한 주장이 아닌 모든 사람이 공감하며 또한 도전받는 믿음의 아름다운 모습을 보여주고 있습니다.

본문 이해

13장의 요단 서편 미정복지에 대한 분배 명령의 말씀은 14장에서 성취가 됩니다. 13장의 말씀이 미정복지가 있음에 관하여 교훈한다면, 14장에는 갈렙의 요구를 통해서 교훈합니다. 여호수아는 1-12장을 주도합니다. 그는 이스라엘의 외적인 리더가 되었습니다. 그러나 13-24장을 주도하는 사람은 갈렙이라고 할 수 있습니다. 그는 이스라엘의 내적인 리더가 되었습니다.

곧 성도에게는 미정복지가 남아 있음을 뿐만 아니라 갈렙의 신앙과 같이 믿음으로 구하는 자가 되어야 할 것입니다. 시대마다 그 시대의 믿음을 견인할 만한 그러한 사람들의 헌신과 믿음이 있어왔습니다. 자신에게 주어진 것을 만족하는 자나, 불만족하는 자를 넘어 그 이상을 바라볼 수 있는 믿음을 가져야 합니다. 갈렙의 요구는 요단 동편의 지파들처럼 그들의 눈을 만족케 하는 요구가 아니었습니다. 갈렙의 요구는 이후 요셉 지파의 요구와도 구별됩니다(수 17:14-18). 갈렙의 요구는 하나님의 약속에 대한 요구였습니다. 비록 눈에 보이는 대로 한다면 그곳은 크고 견고하다 할지라도 믿음은 결국 그들을 쫓아내는 것입니다.

■ 여호수아 14장의 구조적 이해
  수 14:1-5: 요단 서편 아홉 지파 반의 기업 분배

수 14:6-12: 갈렙의 기업 요구

수 14:13-15: 갈렙의 기업이 된 헤브론

1. 요단 서편, 가나안 땅에 대한 기업에 분배를 한 사람들은 누구입니까?(1절)

"이것은 이스라엘 자손이 가나안 땅에서 받은 기업 곧 제사장 엘르아살과 눈의 아들 여호수아와 이스라엘 자손 지파의 족장들이 분배한 것이니라"(1절)

제사장 엘르아살과 눈의 아들 여호수아와 이스라엘 자손 지파의 족장들이 분배하였습니다.

2. 기업 분배의 방법은 무엇이었습니까?(2절)

"여호와께서 모세에게 명령하신 대로 그들의 기업을 제비 뽑아 아홉 지파와 반 지파에게 주었으니"(2절)

가나안 땅의 분배는 '제비뽑기'로 행하여졌습니다. 이처럼 제비를 뽑은 것은 우연이나 운명으로 돌리는 것이 아니라 하나님께서 행하심에 대한 믿음과 하나님께 이 일을 맡기는 신앙고백적인 행위였습니다.

3. 갈렙에 관하여 연구하여 봅시다(6-15절).

갈렙은 그니스 사람 여분네의 아들이었으며 유다 지파의 족장이었습니다. 갈렙이 그니스 사람이라는 것은 그의 출신에 대한 의문을 제기합니다. 곧 그니스가 유다 지파의 선조의 이름이 아닌 아브라함 당시에 있었던 약속의 땅에 거주하였던 이민족의 그니스라면 갈렙은 이민족 출신으로서 유다 지파에 속한 사람이며, 더 나아가 유다 지파의 지도자가 된 사람이 됩니다. 이는 그의 출신을 뛰어넘는 일이라 아니할 수 없습니다. 그가 헤브론의 땅을 향하여 믿음으로 구하기 이전에 유다 지파 자체가, 그의 공동체 자체가 그에게는 또 다른 의미의 헤브론과 같은 의미에서 하나님께서 그를 세워주시고 높여주신 바가 되는 것입니다.

"그 날에 여호와께서 아브람과 더불어 언약을 세워 이르시되 내가 이 땅을 애굽 강에서부터 그 큰 강 유브라데까지 네 자손에게 주노니 곧 겐 족속과 '그니스 족속'과 갓몬 족속과 헷 족속과 브리스 족속과 르바 족속과 아모리 족속과 가나안 족속과 기르가스 족속과 여부스 족속의 땅이니라 하셨더라"(창 15:18-21)

또한 재미있는 것은 여호수아의 이름의 뜻이 '여호와는 구원자이시다'라는 의미를 가짐에 반해서 갈렙의 이름의 뜻은 '개'였습니다. 개는 천한 이름도 될 수 있고 충성된 자의 이름도 될 수 있을 것입니다. 갈렙의 자신의 이름이 가지는 어두운 면이 아닌 밝은 면을 따라 충성된 자의 존귀한 삶을 보여줍니다.

갈렙은 출애굽 2년에 가데스 바네아에서 가나안에 정탐군을 보낸 12

명 중의 한 사람입니다. 10명의 정탐꾼들이 믿음을 잃어버리고 자신들을 메뚜기에 비유하며 가나안 땅에 대해서 악평할 때에 오히려 그들이 우리들의 밥이라고 여호수아와 더불어 고백하였습니다. 이 일로 인하여 죽음의 위기도 있었으나 결국 하나님께 축복을 받고 출애굽 세대로서 가나안 땅에 들어가는 축복을 받게 되었습니다. 갈렙은 1차적인 가나안 정복 전쟁이 마치고 땅의 분배가 제비로 뽑아 행하여질 때에 그날에 자신에게 약속된 땅에 대해서 주장하였습니다. 곧 그날에 모세가 갈렙에게 '네가 내 하나님 여호와께 충성하였은즉 네 발로 밟는 땅은 영원히 너와 네 자손의 기업이 되리라'(9절)고 하였으며 이제 갈렙은 자신이 두루 밟은 땅 중에서 자신에게 헤브론을 줄 것을 말하였습니다(민 13:21-24).

4. 땅이 분배될 때에 갈렙의 나이는 몇 세였습니까?(10-11절)

"이제 보소서 여호와께서 이 말씀을 모세에게 이르신 때로부터 이스라엘이 광야에서 방황한 이 사십오 년 동안을 여호와께서 말씀하신 대로 나를 생존하게 하셨나이다 오늘 내가 팔십오 세로되 모세가 나를 보내던 날과 같이 오늘도 내가 여전히 강건하니 내 힘이 그 때나 지금이나 같아서 싸움에나 출입에 감당할 수 있으니"(10-11절)

가데스 바네아에서 정탐할 때에 갈렙의 나이는 40세였으나 이제 45년이 지나 85세의 노인이 되었습니다. 곧 38년 동안의 광야 생활을 마치고 7년의 정복 전쟁이 지나고 85세의 노인이 되었으나 갈렙은 여전히 하나님의 약속이 성취되기를 소망하였습니다. 120세에 눈이 흐리지 않고 기력이 쇠하지 않았던 모세를 본다면 85세에 여전히 현역 가운데 있었던 갈렙의 모습은 더욱 두드러집니다.

5. '이 산지를 내게 주소서'라고 하며 헤브론을 요구한 갈렙의 믿음에 관하여 살펴봅시다(12절).

"그 날에 여호와께서 말씀하신 이 산지를 지금 내게 주소서 당신도 그 날에 들으셨거니와 그 곳에는 아낙 사람이 있고 그 성읍들은 크고 견고할지라도 여호와께서 나와 함께 하시면 내가 여호와께서 말씀하신 대로 그들을 쫓아내리이다 하니"(12절)

갈렙이 헤브론을 요구한 이유는 그 땅이 다른 땅보다 취하기 쉽고 아름다워서가 아닙니다. 오히려 그 땅에는 아낙 사람이 있고 그 성읍들은 크고 견고하였습니다. 그 땅은 평지와 같이 농사를 짓기에 아름다운 땅도 아니었습니다. 그 땅은 산지였습니다. 그럼에도 불구하고 갈렙이 그 헤브론을 요구했던 것은 하나님의 약속의 성취를 맛보기를 원하였던 것입니다. 갈렙은 롯과 같이 육신의 눈을 따라 욕심을 채우기 위하여 헤브론을 선택한 것이 아니라 오히려 희생의 정신을 가지고, 믿음의 선택을 한 것입니다.

우리는 9절에 대한 말씀을 새로운 눈으로 보아야 합니다. 하나님께서 갈렙에게 주신 약속은 그의 발로 밟는 땅을 영원히 너와 네 자손의 기업이 되리라는 것이었습니다.

"그 날에 모세가 맹세하여 이르되 네가 내 하나님 여호와께 충성하였은즉 네 발로 밟는 땅은 영원히 너와 네 자손의 기업이 되리라 하였나이다"(9절)

갈렙에게는 그가 밟는 땅의 모든 우선권이 있었습니다. 그러나 그는 이 우선권을 과거적으로 이미 밟은 땅을 바라본 것이 아니라 앞으로 밟을 땅을 바라보았습니다. 그는 이미 밟은 땅에 대한 우선권을 주장하며 특권을 내세운 것이 아니라 도리어 아직 밟지 않은 땅, 아무도 밟으려고 하지 않는 땅에 대한 헌신을 주장한 것입니다. 아무도 골리앗과 싸우려 하지 않았을 때에 다윗이 나섰듯이 어린 다윗과 같이 노장인 갈렙은 아낙 사람이 있고 성읍들은 크고 견고한 헤브론 산지를 자신의 기업으로 주장하였습니다. 이는 하나님께 향한 헌신이며, 충성이며, 믿음이 되는 것입니다. 갈렙의 구함은 이후에 요셉 지파가 무엇을 구하였는가와 비교할 때에 그의 구함이 얼마나 숭고한가를 알게 될 것입니다. 충분한 대가를 받고도 더 큰 요구를 하였던 요셉 지파의 특권의식에 비하여 갈렙의 요구는 자기 희생을 동반한 진정한 리더로서 여호수아가 이스라엘의 외적인 리더라면 갈렙은 우리의 마음 속에 리더로 삼을 충분한 자격이 있습니다.

갈렙은 신실한 믿음의 사람이었습니다. 그는 45년 전 가데스 바네아에서 보였던 믿음과 같은 믿음을 가졌습니다. 많은 사람의 헌신도 변하고, 충성도 변하고, 사랑도 변합니다. 그러나 그의 믿음은 변하지 않았고 더욱더 강하여졌습니다. 그의 믿음은 신실한 믿음이었습니다.

갈렙은 충성된 동역자였습니다. 여호수아의 전임자인 모세에게는 아론과 미리암이 있었지만 그들은 모세의 혈연이라도 모세를 향하여 시기하고 비방하였습니다(민 12장). 그러나 갈렙은 여호수아와 비교할 때에 경쟁하지 못할 바가 아니었습니다. 그 또한 여호수아와 함께 출애굽 세대로서 가나안 땅에 들어온 영광스러운 사람이었습니다. 그러나 그는 끝까지 여호수아의 충성된 동역자의 길을 걸었습니다. 그의 관심은 자신의 영광에 있지 않았고 하나님 나라에 있었던 것입니다.

6. 헤브론에 관하여 연구하여 봅시다(13-15절).

"여호수아가 여분네의 아들 갈렙을 위하여 축복하고 헤브론을 그에게 주어 기업을 삼게 하매 헤브론이 그니스 사람 여분네의 아들 갈렙의 기업이 되어 오늘까지 이르렀으니 이는 그가 이스라엘의 하나님 여호와를 온전히 좇았음이라 헤브론의 옛 이름은 기럇 아르바라 아르바는 아낙 사람 가운데에서 가장 큰 사람이었더라 그리고 그 땅에 전쟁이 그쳤더라"(수 14:13-15)

헤브론은 '친교', '동맹'의 뜻으로 갈렙이 이 땅을 차지한 후에 주어진 이름입니다. 본래 헤브론의 옛 이름은 '아르바의 성읍'이라는 뜻을 가진 '기럇 아르바'였습니다. 아르바는 아낙 사람들 가운데서 가장 큰 사람 또는 아낙의 아비를 가리켰습니다. 옛 아브라함이 롯과의 분가 후에 정착한 곳이 바로 이 헤브론이었으며 성경의 마므레 상수리 수풀은 기럇 아르바 또는 헤브론과 모두 같은 지명을 의미합니다. 이곳에는 아브라함, 사라, 이삭, 리브가, 야곱과 레아의 무덤이 있는 곳이었습니다. 그러므로 이곳을 얻기 위한 갈렙의 노력은 단지 희생정신이 아닌 믿음으로 말미암은 것임을 알 수 있는 것입니다. 이 땅은 갈렙이 점령하여 유다 지파의 차지가 되었으며 후에 레위 지파에게 도피성으로 주어지기도 하였습니다.

01   기업 분배의 참여자들을 통해서 얻을 수 있는 교훈은 무엇입니까?

02   제비뽑기가 오늘날 주는 교훈은 무엇입니까?

03   갈렙의 삶을 통해서 얻을 수 있는 교훈들을 나누어봅시다.

되새김

'이 산지를 내게 주소서' 갈렙의 요구는 탐욕이 아니며 과욕이 아니며 오직 용기 있는 참된 믿음의 아름다운 모습을 보여줍니다. 그의 믿음은 젊었을 때나 나이가 들어 늙었을 때나 변함이 없는 한결같은 신실한 믿음이었습니다. 우리는 갈렙의 요구를 살피며 우리 앞길에 어떠한 어려움이 있다 할지라도 믿음의 확신과 용기를 가지고 맡겨진 일을 온전히 감당할 수 있어야 할 것입니다.

PART

16

유다 지파의 기업
15장1~63절

Key Point

마침내 가나안 서편의 땅이 유다 지파를 시작으로 해서 분배되는 말씀입니다. 이스라엘의 장자 르우벤은 자신의 계모와 범죄하므로 장자의 축복을 계승하지 못하고, 또한 요단 동편을 취하였으며, 요단 서편의 기업 분배에 관한 말씀은 유다 지파로부터 시작됩니다.

본문 이해

미정복지에 관한 땅의 분배 명령(13장)과 땅의 분배와 이에 대한 갈렙의 요구(14장)에 관한 말씀에 이어 15장에서는 첫 번째로 땅을 분배받은 유다 자손의 기업에 관한 말씀입니다.

■ 여호수아 15장의 구조적 이해

　수 15:1-12: 유다 지파에게 분배된 땅의 경계
　수 15:13-19: 갈렙의 헤브론과 드빌 정복
　수 15:20-32: 유다 지파의 남쪽 성읍들
　수 15:33-47: 유다 지파의 평지 성읍들
　수 15:48-60: 유다 지파의 산지 성읍들
　수 15:61-62: 유다 지파의 광야 성읍들
　수 15:63: 유다 지파의 미정복 족속-여부스 족속

1. 유다의 남쪽 경계는 어디입니까?(1-4절)

유다 자손의 지파가 그 가족대로 제비 뽑은 땅의 남쪽으로는 에돔 경계에 이르고 또 남쪽 끝은 신 광야까지입니다. 또 그들의 남쪽 경계는 염해의 끝 곧 남향한 해만에서부터 아그랍빔 비탈 남편으로 지나 신에 이르고 가데스 바네아 남쪽으로 올라가서 헤스론을 지나며 아달로 올라가서 돌이켜 갈가에 이르고 거기서 아스몬에 이르러 애굽 시내에 나아가 바다에 이르러 경계의 끝이 됩니다.

특이한 것은 이 남쪽 경계로부터 하나님께서 에돔 지역은 보호하셨는데 이는 하나님께서 이스라엘 백성뿐만이 아니라 만왕의 왕되심을 보여주시는 것입니다.

2. 유다의 동쪽 경계는 어디입니까?(5절)
유다의 동쪽 경계는 염해로서 요단 끝까지입니다.

3. 유다의 북쪽 경계는 어디입니까?(5-11절)
유다 지파의 북쪽 경계는 요단 강 끝 하구에서부터 지중해에 이르는 지역으로 베냐민과 단 지파의 남쪽 경계선과 일치합니다.

구체적으로 그 북쪽 경계는 요단 끝에 있는 해만에서부터 벧 호글라로 올라가서 벧 아라바 북쪽을 지나 르우벤 자손 보한의 돌에 이르고 또 아골 골짜기에서부터 드빌을 지나 북쪽으로 올라가서 그 강 남쪽에 있는 아둠밈 비탈 맞은편 길갈을 향하고 나아가 엔 세메스 물들을 지나 엔로겔에 이르며 또 힌놈의 아들의 골짜기로 올라가서 여부스 곧 예루살렘 남쪽 어깨에 이르며 또 힌놈의 골짜기 앞 서쪽에 있는 산 꼭대기로 올라가는데 이곳은 르바임 골짜기 북쪽 끝이며 또 이 산 꼭대기에서부터 넵도아 샘물까지 이르러 에브론 산 성읍들로 나아가고 또 바알라 곧 기럇 여아림으로 접어들며 또 바알라에서부터 서쪽으로 돌이켜 세일 산에 이르러 여아림 산 곧 그살론 곁 북쪽에 이르고 또 벧 세메스로 내려가서 딤나를 지나고 또 에그론 비탈 북쪽으로 나아가 식그론으로 접어들어 바알라 산을 지나고 얍느엘에 이르며 그 끝은 바다입니다.

4. 유다의 서쪽 경계는 어디입니까?(12절)

유다 지파의 서쪽 경계는 대해와 그 해안입니다. 즉 그 서쪽 경계는 지중해를 가리키는데 당시에 유다 자손은 지중해 연안의 평지인 블레셋의 다섯 성읍을 차지하지 못하였고 그 후 다윗 시대에 이르러서 이 땅은 이스라엘에게 정복되었습니다(대하 26:6-7).

5. 갈렙이 헤브론에서 쫓아낸 자들은 누구입니까?(13-14절)

"여호와께서 여호수아에게 명령하신 대로 여호수아가 기럇 아르바 곧 헤브론을 유다 자손 중에서 분깃으로 여분네의 아들 갈렙에게 주었으니 아르바는 아낙의 아버지였더라 갈렙이 거기서 아낙의 소생 그 세 아들 곧 세새와 아히만과 달매를 쫓아내었고"(13-14절)

갈렙은 헤브론을 기업으로 받은 뒤 아낙의 소생 그 세 아들 세새와 아히만과 달매를 쫓아내었습니다. 이에 관해서 여호수아 11장 21-22절의 말씀과 사사기 1장 10절의 말씀은 두 번에 걸쳐 나타나는데 이는 팔레스틴 남부 지역을 점령한 여호수아가 북방 지역을 점령할 때에 아낙 자손이 다시 헤브론을 차지한 것으로 보이며 두 번째 갈렙이 이 지역을 재점령할 때에 아낙의 세 아들 세새와 아히만과 달매가 죽게 되는 것입니다.

6. 헤브론 이후 갈렙이 차지한 곳은 어디입니까?(15-17절)

갈렙은 헤브론을 지나 드빌을 쳤는데 그 본 이름은 기럇 세벨입니다. 갈렙은 말하기를 기럇 세벨을 쳐서 그것을 취하는 자에게 내가 내 딸 악사를 아내로 주리라 하였고 갈렙의 아우 그나스의 아들인 옷니엘이 그것을 취하므로 갈렙이 그 딸 악사를 그에게 아내로 주었습니다.

7. 갈렙의 딸 악사가 출가할 때에 아버지께 구한 것은 무엇입니까?(18-19절)

악사가 출가할 때에 옷니엘에게 청하여 자기 아버지에게 밭을 구하자 하고 나귀에서 내리자 갈렙이 '네가 무엇을 원하느냐'고 묻자 '내게 복을 주소서 아버지께서 나를 네겝 땅으로 보내시오니 샘물도 내게 주소서'라고 말하자 갈렙이 윗샘과 아랫샘을 주었습니다.

8. 유다 지파의 성읍들을 크게 구분하여 봅시다(20-63절).

이 성읍들은 크게 남쪽(21-32절), 평지(33-47절), 산지(48-60절), 광야(61-62절)의 네 부분으로 구분됩니다.

남쪽은 남쪽 끝 에돔 경계에 접근한 성읍들로 모두 29개 성읍과 그 마을들이었으며 평지는 14개 성읍, 16개 성읍, 9개 성읍, '에그론, 아스돗, 가사'의 네 그룹으로 나누어지며 애굽 시내와 대해의 경계에 이르며,

산지는 11개 성읍, 9개 성읍, 10개 성읍, 6개 성읍, 2개 성읍의 다섯 그룹으로 나뉘며

광야는 6개 성읍이었습니다.

9. 유다 자손이 쫓아내지 못한 가나안 족속에 관하여 살펴봅시다(63절).

유다 자손은 예루살렘 주민 여부스 사람을 쫓아내지 못하였습니다. 예루살렘 왕 아도니세덱이 아모리 왕들과 동맹을 맺어 이스라엘과 싸웠을 때에 그들은 모두 죽임을 당했지만 예루살렘 성은 점령 당하지 않았으며 이 성은 유다와 시므온 지파에 의해 정복되었으나(삿 1:8) 이들은 이스라엘이 산지와 남방과 평지에서 가나안 사람과 싸우는 동안에 다시 예루살렘 성을 재건하였습니다(삿 19:11-12, 21) 결국 예루살렘 성의 여부스 주민은 계속해서 이스라엘 자손의 곁에 살다가 다윗 왕 때에 이르러서 완전하게 점령당하게 됩니다(삼하 5:6-7).

묵상

01 유다 지파의 기업이 제일 먼저 분배되는 이유는 무엇입니까?

02 갈렙의 헤브론의 정복과 예루살렘 여부스 족을 통한 교훈은 무엇입니까?

03 악사의 요구가 주는 교훈은 무엇입니까?

되새김

유다의 지파의 경계에 대한 말씀과 더불어 그 점령에 대한 하나의 일화는 하나님의 기업은 주어지는 것이며 또한 믿음으로 성취하여야 함을 가르칩니다. 곧 유다 지파의 경계 내에는 아직 미정복지가 있었으며 다시 정복되어야 할 곳이 있었음을 통해 믿음의 사람들은 하나님께서 주신 그 믿음의 지경 내에서 그 모든 것을 마침내 취하기 위하여 힘써야 하는 것입니다.

PART

17

요셉 지파들의 기업
16장1~17장18절

Key Point

유다 자손에 이어 요셉 자손들, 에브라임 자손과 므낫세 자손의 기업의 분배에 관한 말씀입니다. 유다 자손에게 영적인 축복으로 장자의 축복이 주어졌다면 요셉 지파에게는 물질적인 축복으로 장자의 축복이 주어졌습니다.

본문 이해

    요단 동편에서의 땅의 분배에 관한 말씀과(13장) 갈렙의 요구(14장) 와 유다 지파의 땅의 분배의 말씀에(15장) 이어 요셉 지파의 땅의 분배 에 관한 말씀입니다(15장). 유다 지파의 땅의 분배에 있어서는 갈렙의 구함을 통해 믿음을 교훈하였다면 요셉 지파에 있어서는 므낫세 지파 의 슬로브핫의 딸들을 통해서 교훈하십니다. 그러나 유다 지파의 갈렙 의 땅을 요구와 슬로브핫의 딸들의 요구와 다른 요셉 지파의 땅의 요 구에 관하여 전합니다. 갈렙은 비록 견고한 성읍이라 할지라도 하나님 의 약속의 붙잡고 믿음으로 구하였으나 요셉 지파는 자신에게 주어진 땅을 만족하지 못하였으며 그들이 개척해야 할 땅에 대한 불만을 가지 고 있었습니다.

■ 여호수아 16장1-17장18절의 구조적 이해

    수 16:1-4: 요단 서쪽의 요셉 지파의 기업

    수 16:5-9: 에브라임 지파의 기업

    수 16:10: 에브라임 지파가 쫓아내지 못한 족속

    수 17:1: 므낫세의 장자 마길의 요단 동편의 기업

    수 17:2-6: 마길을 제외한 므낫세의 남은 자손의 요단 서편 기업

    수 17:7-11: 요단 서편 므낫세 반지파 기업의 경계

    수 17:12-13: 므낫세 반지파가 쫓아내지 못한 족속

수 17:14-18: 요셉 지파의 불만과 여호수아의 개척 명령

1. 요셉 자손이 제비뽑은 땅을 살펴봅시다(1-4절).

이미 요단 동편의 땅에 므낫세 반지파의 땅을 기업으로 받았으므로 요셉 자손, 에브라임과 므낫세 반 지파는 하나의 제비로 주어진 땅을 나누게 됩니다. 곧 요셉 자손이 제비 뽑은 것은 여리고 샘 동쪽 곧 여리고 곁 요단으로부터 광야로 들어가 여리고로부터 벧엘 산지로 올라가고 벧엘에서부터 루스로 나아가 아렉 족속의 경계를 지나 아다롯에 이르고 서편으로 내려가서 야블렛 족속의 경계와 아래 벧호른과 게셀에까지 이르고 그 끝은 바다입니다.

2. 에브라임 자손에게 주어진 기업의 경계를 살펴봅시다(5-9절).

에브라임 자손의 그 가족대로 받은 지역의 경계는 동쪽으로 아다롯 앗달에서 윗 벧호론에 이르고 또 서쪽으로 나아가 북쪽 믹므다에 이르고 동쪽으로 돌아 다아낫 실로에 이르러 야노아 동쪽을 지나고 야노아에서부터 아다롯과 나아라도 내려가 여리고에 만나서 요단으로 나아가고 또 답부아에서부터 서쪽으로 지나서 가나 시내에 미치며 그 끝은 바다입니다. 그 외에 므낫세 자손의 기업 중에서 에브라임 자손을 위하여 구분한 모든 성읍과 그 마을들도 있었습니다.

3. 에브라임 지파가 쫓아내지 아니한 사람들을 살펴봅시다(10절).

"그들이 게셀에 거주하는 가나안 족속을 쫓아내지 아니하였으므로

가나안 족속이 오늘까지 에브라임 가운데에 거주하며 노역하는 종이 되니라"(10절)

에브라임 지파는 게셀에 거하는 가나안 족속을 쫓아내지 아니하였고 그들을 종으로 삼았습니다. 이는 가나안 모든 족속을 진멸하라는 하나님의 명령을 어긴 것으로(신 7:2) 나중에 이스라엘이 남북 왕국으로 분열되었을 때 북쪽 이스라엘 사람들이 우상을 숭배하는 배경이 되는 것입니다.

4. 므낫세의 가족에 관하여 살펴봅시다(17장1-2절).

므낫세는 요셉이 애굽의 제사장 보디베라의 딸 아스낫에게서 낳은 맏아들입니다. 야곱은 임종시에 우수를 맏아들 므낫세가 아닌 에브라임에게 올리고 축복함으로 요셉의 장자권은 에브라임에게로 넘어갑니다. 야곱의 요셉에 대한 축복에서 '요셉은 무성한 가지 곧 샘 곁의 무성한 가지라 그 가지가 담을 넘었도다'(창 49:22)의 말씀은 성취되어 요단 동편에 므낫세가 땅을 기업으로 받기도 하였지만 가나안 땅의 비옥한 중부지역은 동생이며 장자의 축복을 받게 되는 에브라임에게 주어지게 됩니다.

므낫세의 장자 마길은 요단 동편에서 길르앗과 바산을 얻었고 이들은 형제들을 돕기 위해 요단을 건넜습니다.

므낫세의 남은 자손은 므낫세의 증손이며 길르앗의 여섯 아들들의 가족을 가리키며 이들은 아비에셀, 헬렉, 아스리엘, 세겜, 헤벨, 스미다였습니다. 여기서 '아비에셀'은 '이에셀'(민 26:30)이라고도 하는데 그 자손들은 오브라에서 살았으며 그 중에서 유명한 사사 기드온이 있었습니다.

5. 슬로브핫의 딸들의 요구를 살펴봅시다(3-6절, 참고: 민 27장).

"헤벨의 아들 길르앗의 손자 마길의 증손 므낫세의 현손 슬로브핫은 아들이 없고 딸뿐이요 그 딸들의 이름은 말라와 노아와 호글라와 밀가와 디르사라 그들이 제사장 엘르아살과 눈의 아들 여호수아와 지도자들 앞에 나아와서 말하기를 여호와께서 모세에게 명령하사 우리 형제 중에서 우리에게 기업을 주라 하셨다 하매 여호와의 명령을 따라 그들에게 그들의 아버지 형제들 중에서 기업을 주므로 요단 동쪽 길르앗과 바산 외에 므낫세에게 열 분깃이 돌아갔으니 므낫세의 여자 자손들이 그의 남자 자손들 중에서 기업을 받은 까닭이었으며 길르앗 땅은 므낫세의 남은 자손들에게 속하였더라"(3-6절)

헤벨의 아들 슬로브핫에게는 아들이 없고 딸들만 있었습니다. 슬로브핫의 딸들의 출신적인 배경은 요셉의 아들 므낫세 종족들 가운데 므낫세의 현손 마길의 증손 길르앗의 손자 헤벨의 아들 슬로브핫의 딸들로서 요셉의 7대손입니다.

요셉-므낫세-마길-길르앗-헤벨-슬로브핫-슬로브핫의 딸들

이들의 이름은 말라, 노아, 호글라, 밀가, 디르사입니다. 민수기 27장에 의하면, 상속에 관한 말씀 가운데 슬로브핫의 딸들은 아들이 없이 딸들만 낳으므로 기업의 분배에서 제외될 위기 가운데 자신들에게 돌아와야 할 기업에 관하여 주장하였습니다. 자신들의 아버지인 슬로브핫이 여호와를 거슬러 모인 고라의 무리에 들지 아니하고 자기 죄로 죽은 자이나 아들이 없다는 이유로 아버지의 기업이 상속되지 못할 경우 아버지의 이름 또한 종족 중에서 삭제될 것이나 이는 부당하다고 여긴 것입니다. 슬로브핫의 딸들은 회막 문에서 모세와 제사장 엘르아살과 지휘관들과 온 회중 앞에 서서 아버지의 형제 중에서 자신들에게 기업을 달라고 주장하였습니다.

이들은 이러한 약속을 따라 제사장 엘르아살과 눈의 아들 여호수아와 방백들 앞에 나아가 자신들의 기업을 요구하였고 이들은 하나님의 명령하심을 따라 기업을 얻었습니다. 이로서 요단 서편의 므낫세의 기업은 10개의 분깃으로 나누어지는데 헤벨을 제외한 길르앗의 다섯 아들에게 주어진 5과 슬로브핫의 딸들에게 주어진 5 분깃입니다.

6. 므낫세 자손 기업의 경계를 살펴봅시다(7-11절).

므낫세의 경계는 아셀에서부터 세겜 앞 믹므닷까지이며 그 오른쪽으로 가서 엔답부아 주민의 경계에 이릅니다. 답부아 땅은 므낫세에게 속

하였으되 므낫세 경계에 있는 답부아는 에브라임 자손에게 속하였으며 또 경계가 가나 시내로 내려가서 그 시내 남쪽에 이릅니다. 므낫세의 성읍 중에 이 성읍들은 에브라임에게 속하였으며 므낫세의 경계는 그 시내 북쪽이요 그 끝은 바다며 그 남쪽으로는 에브라임에 속하였고 북쪽으로는 므낫세에 속하였고 바다가 그 경계가 되었으며 그들의 땅의 북쪽은 아셀에 이르고 동쪽은 잇사갈에 이르렀으며 잇사갈과 아셀에도 므낫세의 소유가 있으니 곧 벧 스안과 그 마을들과 이블르암과 그 마을들과 돌의 주민과 그 마을들이며 또 엔돌 주민과 그 마을들과 다아낙 주민과 그 마을들과 므깃도 주민과 그 마을들 세 언덕 지역입니다.

7. 므낫세 자손들이 쫓아내지 못한 가나안 사람들을 살펴봅시다(12-13절).

"그러나 므낫세 자손이 그 성읍들의 주민을 쫓아내지 못하매 가나안 족속이 결심하고 그 땅에 거주하였더니 이스라엘 자손이 강성한 후에야 가나안 족속에게 노역을 시켰고 다 쫓아내지 아니하였더라"(12-13절)

므낫세 자손이 성읍들의 주민을 쫓아내지 못하여 가나안 족속이 결심하고 그 땅에 거하였으니 이스라엘 자손이 강성한 후에야 가나안 족속에게 노역을 시켰고 다 쫓아내지 아니하였습니다.

8. 요셉 자손이 여호수아에게 요구한 것은 무엇입니까?(14-18절)

요셉 자손은 여호수아에게 말하기를 "여호와께서 지금까지 내게 복을 주시므로 내가 큰 민족이 되었거늘 당신이 나의 기업을 위하여 한 제비, 한 분깃으로만 내게 주심은 어찌함이니이까"(14절)하며 더 많은 기업을 요구하였습니다. 요셉 지파의 요구는 한 편으로 정당해 보입니다. 그러나 먼저 다음의 표를 살펴보면,

지파	1차 조사	2차 조사	가족수	증감
르우벤	46,500	43,730	4	-2,770
시므온	59,300	22,200	5	-37,100
갓	45,650	40,500	7	-5,150
유다	74,600	76,500	5	+1,900
잇사갈	54,400	64,300	4	+9,900
스불론	57,400	60,500	3	+3,100
에브라임	40,500	32,500	4	-8,000
므낫세	32,200	52,700	8	+20,500
베냐민	35,400	45,600	7	+10,200
단	62,700	64,400	1	+1,700
아셀	41,500	53,400	5	+11,900
납달리	53,400	45,400	4	-8,000
계	603,550	601,730	57	-1,820

2차 인구조사의 므낫세 반지파의 26350명과 에브라임 지파 32500의 수의 합은 58850명으로 단 지파 한 지파에도 못 미치는 수입니다.

그럼에도 불구하고 그들은 요단 서편의 중앙의 넓은 곳을 차지하였습니다. 그들은 충분히 그들이 머물 만한 곳을 분배받은 것입니다. 더욱이 므낫세 지파는 한 지파로서 므낫세 반 지파로 나누어져 요단 동편에 한 곳, 요단 서편에 한 곳 두 배의 몫을 이미 받은 바가 됩니다.

이에 여호수아는 "네가 큰 민족이 되므로 에브라임 산지가 네게 너무 좁을진대 브리스 족속과 르바임 족속의 땅 삼림에 올라가서 스스로 개척하라"(15절)라고 하였습니다. 여호수아는 에브라임 족속 출신입니다. 그러므로 요셉 지파의 요구는 더욱 그에게 부담이 될 수밖에 없을 것입니다. 먼 관계에 있는 사람들보다도 가까운 관계 가운데 요구가 더욱 큰 부담이 됩니다. 만일 여호수아가 편중되이 요셉 지파의 요구를 들어주었다면 이는 공동체의 위기가 될 만한 충분한 소지가 되는 것입니다. 여호수아는 같은 출신 족속들의 요구에 대한 부담감과 더불어 전체 공동체를 배려하여 요셉 지파의 요구를 거절합니다.

이에 요셉 자손은 다시 "그 산지는 우리에게 넉넉하지도 못하고 골짜기 땅에 거주하는 가나안 족속에게는 벧 스안과 그 마을들에 거주하는 자이든지 이스르엘 골짜기에 거주하는 자이든지 다 철병거가 있나이다"(16절)라고 하소연을 하였습니다. 이에 여호수아는 다시 한번 그들의 믿음을 고취시키며 말하기를 "너는 큰 민족이요 큰 권능이 있은 즉 한 분깃만 가질 것이 아니라 그 산지도 네 것이 되리니 비록 삼림이라도 네가 개척하라 그 끝까지 네 것이 되리라 가나안 족속이 비록 철

병거를 가졌고 강할지라도 네가 능히 그를 쫓아내리라"(17-18절)라고 하였습니다.

여호수아의 요셉 지파에게 향한 말은 갈렙의 믿음을 반영합니다.

"그 날에 여호와께서 말씀하신 이 산지를 지금 내게 주소서 당신도 그 날에 들으셨거니와 그 곳에는 아낙 사람이 있고 그 성읍들은 크고 견고할지라도 여호와께서 나와 함께 하시면 내가 여호와께서 말씀하신 대로 그들을 쫓아내리이다 하니"(수 14:12)

01 　요셉 지파 중 에브라임 자손들이 갖은 축복에 관하여 연구하여 봅시다.

02 　요셉 자손들이 가나안 사람을 쫓아내지 못함을 통한 교훈은 무엇입니까?

03 　요셉 자손의 요구를 통해서 가르치는 교훈은 무엇입니까?

되새김

다른 지파들보다도 더 광활한 가나안 중부 지역을 할당받았음에도 불구하고 자신들이 두 지파임에도 하나의 분깃만이 주어짐에 대해 불망하는 요셉 지파에게 향한 여호수아의 명령은 '스스로 개척하라'는 것입니다. 하나님께서 주시는 영원한 기업을 향한 성도의 자세는 주어진 환경에 만족하거나, 좌절하는 것이 아니라 더욱 힘써 그 지경을 넓혀 나아가는 것입니다. 이것이 바로 바른 믿음의 성도의 자세입니다.

PART

18

실로에서 행한 땅의 분할
18장1~19장51절

Key Point

르우벤 지파, 갓 지파, 므낫세 반 지파에 대한 요단 동편에서의 제1차 기업 분배와 유다 지파, 요셉 지파의 길갈에서의 제2차 분배에도 불구하고 아직 기업 분배를 받지 못한 일곱 지파의 기업 분배를 앞두고 실로에 성막을 세우고 제3차 기업 분배를 행합니다.

본문 이해

요단 동편에서의 므낫세 반지파와, 르우벤, 갓 지파의 두 지파 반에 대한 땅의 분배가 제1차 분배라면(13장) 길갈에서의 제2차 땅의 분배는 유다 지파, 요셉 지파를 중심으로 기술되어 있습니다(14-17장). 이제 제3차 땅의 분배가 장소적으로 길갈에서 실로로 옮겨져 나머지 지파인 7지파에 관하여 전합니다(18-19장). 기업 분배의 장소적인 변화와 더불어 기업 분배의 방식이 변화되어 각 지파의 3인의 대표를 보내어 그들이 기업에 따라 그 땅을 그려 오라 하였습니다.

■ 여호수아 18-19장의 구조적 이해

수 18:1: 실로에 회막을 세움

수 18:2-6: 일곱 지파의 기업 분배 방식과 명령

수 18:7: 레위 지파와 요단 동편 두 지파 반의 언급

수 18:8-10: 일곱 지파의 기업 분배

수 18:11-28: 베냐민 지파의 기업

수 19:1-9: 시므온 지파의 기업

수 19:10-16: 스불론 지파의 기업

수 19:17-23: 잇사갈 지파의 기업

수 19:24-31: 아셀 지파의 기업

수 19:32-39: 납달리 지파의 기업

수 19:40-48: 단 지파의 기업

수 19:49-50: 여호수아의 기업

수 19:51: 기업 분배의 마침

1. 이스라엘 자손의 온 회중이 실로에 모여서 무엇을 하였습니까?(1절)

"이스라엘 자손의 온 회중이 실로에 모여서 거기에 회막을 세웠으며 그 땅은 그들 앞에서 돌아와 정복되었더라"(1절)

이스라엘 자손의 온 회중이 실로에 모여서 회막을 세웠습니다. 곧 아직도 땅의 분할이 다 끝나지 않은 상태에서 실로에 성막을 세운 이유는 일곱 지파들이 그들에게 약속된 땅을 정복함에 있어서 열심하지 않았기 때문입니다. 여호수아는 영토 분배를 잠시 중단하고 종교적인 기강을 먼저 바로 세움으로 말미암아 그들의 열심을 회복케 하고자 한 것입니다.

무엇보다도 먼저 회복되어야 할 것이 바로 예배입니다. 우리들이 각자의 기업에 대하여 소홀한 이유는 신앙적인 회의로 말미암은 것입니다. 그러므로 예배의 회복, 신앙의 회복, 하나님과의 회복은 더 나아가 우리들의 기업에 대한 회복으로 이루어집니다.

성막을 실로에 세움은 성막이 길갈에서 이제 실로로 옮겨지고 실로가 모든 신앙의 중심지가 됨을 뜻하는 것입니다. 실로는 여호수아와 에브라임 지파에 속한 곳으로, 야곱의 축복으로 오른손의 축복을 받은 에브라임 지파에 성막이 세워짐은 참으로 큰 영광이 아닐 수 없습니다. 이후 실로는 엘리 대제사장 때에 블레셋 사람에 의해서 법궤를 빼앗길 때까지 350년 동안 신앙의 중심지적인 역할을 하게 됩니다. 하나님께서는 므낫세에게는 요단 동편과 서편에 기업을 주셨다면 에브라임 지파는 신앙의 중심지적인 역할을 감당하게 하셨습니다.

2. 아직 기업의 분배를 받지 못한 일곱 지파에 관하여 살펴봅시다(2-3절).

요단 동편의 르우벤, 갓, 므낫세 반지파, 요단 동쪽의 유다, 에브라임, 므낫세 반지파와 기업이 주어지지 않는 레위 지파를 제외한 나머지 일곱 지파 곧 베냐민, 스불론, 시므온, 잇사갈, 아셀, 납달리 단 지파들은 하나님께서 그들에게 주신 땅을 취하러 가기에 지체하였습니다.

이는 자신의 기업에 대하여 무지하고 무관심한 이 세대에게 주시는 메시지임을 깨달아야 할 것입니다. 하나님이 살아계시다는 함은 단지 하나님만이 살아계심을 뜻하는 것이 아닌, 그분이 나의 삶에 대한 기업의 분배와 계획과 섭리가 있음을 알게 하시는 것입니다. 그러므로 하나님이 살아계시다 하나 하나님이 살아계시지 않은 것처럼 살아가는 믿음의 사람들의 모습을 돌아보아야 합니다.

"우리 주 예수 그리스도의 하나님 영광의 아버지께서 지혜와 계시의 영을 너희에게 주사 하나님을 알게 하시고 너희 마음의 눈을 밝히사 그의 부르심의 소망이 무엇이며 성도 안에서 그 기업의 영광의 풍성함이 무엇이며 그의 힘의 위력으로 역사하심을 따라 믿는 우리에게 베푸신 능력의 지극히 크심이 어떠한 것을 너희로 알게 하시기를 구하노라"(엡 1:17-19)

3. 기업의 분배를 받지 못한 일곱 지파에 대한 여호수아의 명령과 그 순종에 관하여 살펴봅시다(4-10절).

이에 여호수아는 일곱 지파에게 명령하기를

"너희는 각 지파에 세 사람씩 선정하라 내가 그들을 보내리니 그들은 일어나서 그 땅에 두루 다니며 그들의 기업에 따라 그 땅을 그려 가지고 내게로 돌아올 것이라 그들이 그 땅을 일곱 부분에 나누되 유다는 남쪽 자기 지역에 있고 요셉의 족속은 북쪽에 있는 자기 지역에 있으니 그 땅을 일곱 부분으로 그려서 이곳 내게로 가져오라 그러면 내가 여기서 너희를 위하여 우리 하나님 여호와 앞에서 제비를 뽑으리라 레위 사람은 너희 중에 분깃이 없나니 여호와의 제사장 직분이 그들의 기업이 됨이며 갓과 르우벤과 므낫세 반 지파는 요단 저 편 동쪽에서 이미 기업을 받았나니 이는 여호와의 종 모세가 그들에게 준 것이니라"(4-7절)

라고 하였으며 이에 그들은 순종하여 여호수아는 그들을 위하여 실로의 여호와 앞에서 제비 뽑고 그가 거기서 이스라엘 자손의 분파대로 땅을 분배하였습니다.

4. 첫째, 베냐민 자손의 기업의 경계선과 그 성읍에 관하여 살펴봅시다 (11-28절).

"베냐민 자손 지파를 위하여 그들의 가족대로 제비를 뽑았으니 그 제비 뽑은 땅의 경계는 유다 자손과 요셉 자손의 중간이라"(11절)

베냐민 지파의 땅의 경계는 유다 자손과 요셉 자손의 중간으로 북으로 요셉 자손이 얻은 기업의 남쪽 경계와 동일하며, 남으로는 유다 지파의 북쪽 경계선에 접해 있습니다. 북쪽 경계는 요단에서부터 벧아웬 황무지에 이르고(12절), 서쪽 경계는 '벧 호른'에서부터 '기럇 여아림'에 이르는 직선 코스이며, 남쪽 경계는 기럇 여아림에서부터 요단 하구에 이르며 동쪽 경계는 요단 강입니다.

구체적으로 그들의 북쪽 경계는 요단에서부터 여리고 북쪽으로 올라가서 서쪽 산지를 넘어서 또 올라가서 벧아웬 황무지에 이르며, 또 그 경계가 거기서부터 루스로 나아가서 루스 남쪽에 이르니 루스는 곧 벧엘이며 또 그 경계가 아다롯 앗달로 내려가서 아래 벧호론 남쪽 산 곁으로 지나고,

벧호론 앞 남쪽 산에서부터 서쪽으로 돌아 남쪽으로 향하여 유다 자손의 성읍 기럇 바알 곧 기럇 여아림에 이르러 끝이 되니 이는 서쪽 경계며

남쪽 경계는 기럇 여아림 끝에서부터 서쪽으로 나아가 넵도아 물 근원에 이르고 르바임 골짜기 북쪽 힌놈의 아들 골짜기 앞에 있는 산 끝으로 내려가고 또 힌놈의 골짜기로 내려가서 여부스 남쪽에 이르러 엔로겔로 내려가고 또 북쪽으로 접어들어 엔 세메스로 나아가서 아둠밈 비탈 맞은편 글릴롯으로 나아가서 르우벤 자손 보한의 돌까지 내려가고 북으로 아라바 맞은편을 지나 아라바로 내려가고 또 북으로 벧 호글라 곁을 지나서 요단 남쪽 끝에 있는 염해의 북쪽 해만이 그 경계의 끝이 되나니 이는 남쪽 경계며

동쪽 경계는 요단입니다.

베냐민 자손의 지파가 그들의 가족대로 받은 성읍들은 '여리고와 벧 호글라와 에멕 그시스와 벤 아라바와 스마라임과 벧엘과 아윔과 바라와 오브라와 그발 암모니와 오브니와 게바'로 '열두 성읍'과 또 그 마을들이며 '기브온과 라마와 브에롯과 미스베와 그비라와 모사와 레겜과 이르브엘과 다랄라와 셀라와 엘렙과 여부스 곧 예루살렘과 기부앗과 기럇'이니 '열네 성읍'이요 또 그 마을들입니다. 이는 베냐민 자손이 그들의 가족대로 받은 기업입니다.

5. 둘째, 시므온 자손의 성읍에 관하여 살펴봅시다(19장1-9절).
"둘째로 시므온 곧 시므온 자손의 지파를 위하여 그들의 가족대로 제비를 뽑았으니 그들의 기업은 유다 자손의 기업 중에서라"(1절)

"시므온 자손의 이 기업은 유다 자손의 기업 중에서 취하였으니 이는 유다 자손의 분깃이 자기들에게 너무 많으므로 시므온 자손이 자기의 기업을 그들의 기업 중에서 받음이었더라"(9절)

시므온 자손의 기업은 유다 자손의 기업 중에서 취하였습니다. 곧 유다 자손의 분깃이 자기들에게 너무 많으므로 시므온 자손이 자기의 기업을 그들의 기업 중에서 얻었습니다.

그들이 받은 기업은 브엘세바 곧 세바와 몰라다와 하살 수알과 발라와 에셈과 엘돌랏과 브둘과 호르마와 시글락과 벧 말가봇과 하살수사와 벧 르바옷과 사루헨이니 열세 성읍이요 또 그 마을들이며 또 아인과 림몬과 에델과 아산이니 네 성읍이요 또 그 마을들이며 또 네겝의 라마 곧 바알랏 브엘까지 이 성읍들을 둘러 있는 모든 마을들로 이는 시므온 자손의 지파가 그들의 가족대로 받은 기업입니다.

6. 셋째, 스불론 자손의 기업의 경계선과 그 성읍에 관하여 살펴봅시다 (10-16절).

셋째로 스불론 자손의 기업의 경계는 남쪽으로는 사릿이며 서쪽으로 욕느암 시내, 동쪽의 다브랏, 북쪽의 한나돈입니다.

구체적으로 스블론 자손의 기업의 경계는 사릿까지이며 서쪽으로 올라가서 마랄라에 이르러 답베셋을 만나 욕느암 앞 시내를 만나고 사릿에서부터 동쪽으로 돌아 해 뜨는 쪽을 향하여 기슬롯 다볼의 경계에 이르고 다브랏으로 나가서 야비아로 올라가고 또 거기서부터 동쪽으로 가드 헤벨을 지나 엣 가신에 이르고 네아까지 연결된 림몬으로 나아가서 북쪽으로 돌아 한나돈에 이르고 입다엘 골짜기에 이르러 끝이 됩니다.

그들의 성읍은 갓닷과 나할랄과 시므론과 이달라와 베들레헴으로 모두 열두 성읍과 그 마을들입니다.

7. 넷째, 잇사갈 자손의 기업의 경계선과 그 성읍에 관하여 살펴봅시다 (17-23절).

넷째로 잇사갈 자손에 관하여서는 먼저 그 성읍들에 관하여 전합니다. 그들의 지역은 이스르엘과 그술롯과 수넴과 하바라임과 시온과 아나하랏과 랍빗과 기시온과 에베스와 레멧과 엔 간님과 엔핫다와 벧 바세스으 열여섯 성읍과 그 마을들입니다.

잇사갈 자손 기업의 경계는 다볼과 사하수마와 벧 세메스에 이르고 그 끝은 요단으로 북쪽으로 납달리, 동쪽으로 여단강, 서쪽으로 스불론 남쪽으로 므낫세와 경계를 이룹니다.

8. 다섯째, 아셀 자손의 기업의 경계선과 그 성읍에 관하여 살펴봅시다 (24-31절).

다섯째로 아셀 자손의 지파를 위하여 그 가족대로 제비를 뽑았습니다. 그들의 지역은 '헬갓과 할리와 베덴과 악삽과 알람멜렉과 아맛과 미살'이며(25-26절) 또 '움마와 아벡과 르홉'이니(30절) 모두 스물두 성읍과 그 마을들입니다.

그들의 경계는 남쪽으로으로 갈멜산, 북쪽으로 입다엘 골짜기와 두로를 연결하는 지역, 서쪽으로는 지중해, 동쪽으로는 이스르엘 평야 가장자리를 잇는 지역입니다.

구체적으로 그 경계의 서쪽은 갈멜을 만나 시홀 림낫에 이르고 해 뜨는 쪽으로 돌아 벧 다곤에 이르며 스불론을 만나고 북쪽으로 입다 엘 골짜기를 만나 벧에멕과 느이엘에 이르고 가불 왼쪽으로 나아가서 에브론과 르홉과 함몬과 가나를 지나 큰 시돈까지 이르고 돌아서 라마와 견고한 성읍 두로에 이르고 돌아서 호사에 이르고 악십 지방 곁 바다가 끝이 됩니다.

9. 여섯째, 납달리 자손의 기업의 경계선과 그 성읍에 관하여 살펴봅시다 (32-39절).

여섯째로 납달리 자손을 위하여 납달리 자손의 가족대로 제비를 뽑았으니, 납달리 자손 기업의 경계는 남쪽으로 갈릴리 호수 근처의 락

굼, 동쪽으로는 요단강, 서쪽으로는 다볼산, 북쪽으로는 레바논 골짜기를 잇는 지역을 경계로 합니다(33-34절).

구체적으로 그들의 지역은 헬렙과 사아난님의 상수리나무에서부터 아다미 네겝과 얍느엘을 지나 락굼까지요 그 끝은 요단이며 서쪽으로 돌아 아스놋 다볼에 이르고 그 곳에서부터 훅곡으로 나아가 남쪽은 스불론에 이르고 서쪽은 아셀에 이르며 해 뜨는 쪽은 요단에서 유다에 이르고

그들의 견고한 성읍들은 싯딤과 세르와 함맛과 락갓과 긴네렛과 아다마와 라마와 하솔과 게데스와 에드레이와 엔 하솔과 이론과 믹다렐과 호렘과 벧 아낫과 벧 세메스니 모두 열아홉 성읍과 그 마을들입니다.

10. 일곱째, 단 자손의 기업의 경계선과 그 성읍에 관하여 살펴봅시다(40-48절).

"그런데 단 자손의 경계는 더욱 확장되었으니 이는 단 자손이 올라가서 레셈과 싸워 그것을 점령하여 칼날로 치고 그것을 차지하여 거기 거주하였음이라 그들의 조상 단의 이름을 따라서 레셈을 단이라 하였더라"(47절)

일곱째로 단 자손의 지파를 위하여 그들의 가족대로 제비를 뽑았습니다. 그들의 경계는 동쪽으로 베냐민, 남쪽으로 유다, 북쪽으로 요셉

지파와 경계를 이룹니다.

그들의 기업의 지역은 소라와 에스다올과 이르세메스와 사알랍빈과 아얄론과 이들라와 엘론과 딤나와 에그론과 엘드게와 깁브돈과 바알랏과 여훗과 브네브락과 가드 림몬과 메얄곤과 락곤과 욥바 맞은편 경계까지로 약 18개 성읍을 얻었습니다.

그런데 단 자손의 경계는 더욱 확장되었습니다. 곧 단 자손이 올라가서 레셈과 싸워 그것을 점령하여 칼날로 치고 그것을 차지하여 거기 거주하였습니다. 그러므로 그들의 조상 단의 이름을 따라서 레셈을 단이라 하였습니다.

11. 여호수아의 기업에 관하여 살펴봅시다(49-51절).

이스라엘 자손이 그 경계를 따라서 기업의 땅 나누기를 마치고 여호와의 명령대로, 여호수아에게 그가 요구한 성읍, 에브라임 산지 '딤낫세라'를 주매 여호수아가 그 성읍을 중건하고 거기에 거하였습니다.

"제사장 엘르아살과 눈의 아들 여호수아와 이스라엘 자손의 지파의 족장들이 실로에 있는 회막 문 여호와 앞에서 제비 뽑아 나눈 기업이 이러하니라 이에 땅 나누는 일을 마쳤더라"(51절)

묵상

01 실로에 성막을 세운 이유와 그 교훈은 무엇입니까?

02 일곱 지파의 지체함은 오늘날 성도들에게 무엇을 교훈합니까?

03 유다 자손과 여호수아의 기업을 통한 교훈은 각각 무엇입니까?

되새김

일곱 지파는 분명히 하나님 나라의 일에 관하여 소극적인 오늘날 성도들의 모습을 잘 비춰줍니다. 실로에 회막이 세워진 이후에 비로소 이러한 열심이 회복되었다는 것은 참으로 부끄러운 일이라 아니할 수 없습니다. 곧 오늘날 성도는 자신의 삶 속에서 또한 하나님 나라의 일을 성취하는 일을 계속해야 하는 것입니다.

PART

19

도피성
20장1~9절

Key Point

이스라엘의 땅의 분배가 끝난 후에 마지막으로 레위 지파와 관련된 말씀으로 도피성과 그들에게 할당된 48개의 성읍에 대한 말씀입니다. 이는 앞선 하나님 말씀의 성취이며 이러한 최종적인 레위 지파에 대한 규례의 성취로 말미암아 신앙 중심적인 이스라엘 땅 분배의 본래적인 목적이 무엇인가를 밝힙니다.

본문 이해

땅의 분배는 요단 동편의 두 지파 반에 관한 말씀으로부터 시작하였습니다(13장). 길갈과 실로에서 행하여진 두 차례의 요단 서편의 각 지파를 위한 땅의 기업을 분배를 마치며 남겨진 두 일은 도피성과 레위인들이 거처할 성읍에 관한 것입니다. 이번 장에서는 레위인들이 거처할 48개의 성읍 중에서도 구별된 6개의 성읍인 도피성에 관하여 전합니다.

도피성의 도피는 도망한다는 뜻이 아닌 '미클라트'로서(아리 미클라트) 받아들이다, 수용하다는 뜻을 가진 칼라트에서 유래합니다. 도피성은 곧 받아들이는 성읍입니다. 비록 살인한 자라 할지라도 하나님의 은혜와 긍휼은 임하여 부지중에 살인한 자들을 회중 앞에서 설 때까지 피의 보복자의 손에 죽지 않게 한 것입니다.

■ 여호수아 20장의 구조적 이해

　수 20:1-6: 도피성의 규례
　수 20:7-8: 도피성의 지정
　수 20:9: 도피성 규례의 목적

1. 도피성의 규례를 살펴봅시다(1-6절).

"여호와께서 여호수아에게 말씀하여 이르시되 이스라엘 자손에게 말하여 이르기를 내가 모세를 통하여 너희에게 말한 도피성들을 너희를 위해 정하여 부지중에 실수로 사람을 죽인 자를 그리로 도망하게 하라 이는 너희를 위해 피의 보복자를 피할 곳이니라 이 성읍들 중의 하나에 도피하는 자는 그 성읍에 들어가는 문 어귀에 서서 그 성읍의 장로들의 귀에 자기의 사건을 말할 것이요 그들은 그를 성읍에 받아들여 한 곳을 주어 자기들 중에 거주하게 하고 피의 보복자가 그의 뒤를 따라온다 할지라도 그들은 그 살인자를 그의 손에 내주지 말지니 이는 본래 미워함이 없이 부지중에 그의 이웃을 죽였음이라 그 살인자는 회중 앞에 서서 재판을 받기까지 또는 그 당시 대제사장이 죽기까지 그 성읍에 거주하다가 그 후에 그 살인자는 그 성읍 곧 자기가 도망하여 나온 자기 성읍 자기 집으로 돌아갈지니라 하라 하시니라"(1-6절)

부지중에 실수로 사람을 죽인 자가 그 피의 보복을 피하여 도피성의 하나에 도망하는 자는 그 성읍에 들어가는 문 어귀에 서서 그 성읍 장로들의 귀에 자기의 사고를 말할 것이요 그들은 그를 받아 성읍에 들여 한 곳을 주어 자기들 중에 거하게 하고 피의 보복자가 그 뒤를 따라온다 할지라도 그들은 그 살인자를 그의 손에 내어 주지 말아야 했습니다. 곧 이는 본래 미워함이 없이 부지중에 그 이웃을 죽였기 때문입니다.

1. 그 살인자가 회중의 앞에서 서서 재판을 받기까지나 2. 당시 대

제사장의 죽기까지 그 성읍에 거하다가 그 후에 자기의 성읍으로 돌아
갈 수 있었습니다.

2. 6개의 도피성에 관하여 살펴봅시다(7-9절).

"이에 그들이 납달리의 산지 갈릴리 게데스와 에브라임 산지의 세겜
과 유다 산지의 기럇 아르바 곧 헤브론과 여리고 동쪽 요단 저쪽 르우벤
지파 중에서 평지 광야의 베셀과 갓 지파 중에서 길르앗 라못과 므낫세
지파 중에서 바산 골란을 구별하였으니 이는 곧 이스라엘 모든 자손과
그들 중에 거류하는 거류민을 위하여 선정된 성읍들로서 누구든지 부
지중에 살인한 자가 그리로 도망하여 그가 회중 앞에 설 때까지 피의 보
복자의 손에 죽지 아니하게 하기 위함이라"(7-9절)

도피성에 관한 자세한 규례와 의미에 관해서는 신명기 성경공부 부
록에 정리하였습니다. 이미 앞선 민수기 35장에 대한 말씀이 신명기 4
장과 19장에서 확인되고 드디어 여호수아 20장과 21장에서 성취됨을
살펴볼 수 있습니다.

6개의 도피성 중에 요단 서편에 갈릴리 게데스와 아베르라임 산지의
세겜과 유다 산지의 기럇 아르바 곧 헤브론을 구별하였고, 요단 동편에
는 르우벤 지파 중에서 평지 광야의 베셀과 갓 지파 중에서 길르앗 라못
과 므낫세 지파 중에서 바산 골란을 택하였습니다.

도피성은 다음과 같은 의미를 가집니다.

요단 서편		요단 동편	
이름	의미	이름	의미
게데스	거룩하다	바산 골란	기쁨
세겜	어깨	길르앗 라못	고지, 높음
헤브론	교통, 연합	베셀	요새

■ 도피성

하나님께서는 이스라엘에게 율법을 허락하실 때에 한 규례로서 이 도피성 제도를 저들 가운데 주셨습니다. 도피성 제도는 고의적이지 않은, 부지중에 살인한 자의 생명을 보존하기 위한 것입니다. 도피성 제도는 살인자의 자의 생명이 보복자에 의해 죽임을 당할 것임을 전제하는데 이는 창세기 9장6절과 같은 응보의 법칙인 동해 보복법인 출애굽기 21장18-36절로 통해서 알 수 있습니다. 어떠한 사람들은 왜 구원의 그 속 죄가 피흘림 없이는 있을 수 없는가에 대해서 의아해 합니다. 왜 예수님은 죽으셨어야만 했을까? 그의 능력으로 구원하는 것은 불가능한 것인가에 관해서 질문합니다. 그러나 이는 생명의 법칙, 그리고 하나님의 공의로우심에 대한 몰이해로 말미암은 것입니다.

도피성에 관한 관련성구로는 출애굽기 21장12-14절, 민수기 35장9-34절, 신명기 4장41-43절, 19장1-13절, 여호수아 20장1-9절에서 나타납니다.

먼저 출애굽기의 본문은 짧지만 도피성에 관한 규례가 호렙산에서 전하여진 시내산 언약의 근거됨을 보여줍니다. 단지 한 구절로(출 21:13) 막연하게 나타나지만 계시의 점진성을 가지고 마침내 여호수아 20장에서는 그 성취의 모습을 보여줍니다.

"사람을 쳐죽인 자는 반드시 죽일 것이나 만일 사람이 고의적으로 한 것이 아니라 나 하나님이 사람을 그의 손에 넘긴 것이면 내가 그를 위하여 한 곳을 정하리니 그 사람이 그리로 도망할 것이며 사람이 그의 이웃을 고의로 죽였으면 너는 그를 내 제단에서라도 잡아내려 죽일지니라"(출 21:12-14절)

곧 출애굽기의 도피성에 대한 말씀은 도피성 제도의 전제와 한계를 명확하게 제시하고 있습니다.

1. 도피성 제도의 전제
2. 도피성 제도의 한계
3. 도피성 제도에 관한 계시적 점진성

민수기 본문은 보다 구체적인 이 도피성 제도의 모습을 우리들에게 보여줍니다(민 35:9-34). 이스라엘의 도피성 제도가 다른 이방의 성역 제도와 비슷하면서도 그 독특성은, 이방의 성역제도는 고의적인 살인자에게까지 생명의 보존을 보장하나 이스라엘의 도피성은 결코 고의적인 살인자를 보호하지 않는다는 것입니다. 민수기의 본문은 이러한 보호를 받을 수 있는 자와 보호를 받을 수 없는 자에 대한 규례를 정하며 또한 보호를 받는 자가 결국 자유롭게 되는 시점 곧 대제사장의 죽음으로 말미암아 자기의 산업으로 돌아가는 규례까지를 전합니다.

출애굽기는 도피성 제도의 한계로 고의로 죽인 자는 보호받을 수 없는 원칙에 관하여 전하였는데 민수기의 말씀은 이에 대한 보다 구체적인 살인자에 대한 규례를 명시화하고 있습니다(민 35:16-21).

또한 추가적으로 비록 보호 받는 살인자라 할지라도 살인자가 도피성을 나가 보복자에게 죽임을 당한다면 보복자는 피 흘린 죄가 없습니다. 이는 살인한 자는 오직 도피성 안에서만 보호되기 때문입니다. 살인자는 대제사장이 죽기까지 도피성에 머물러야 하며 그 이후에야 그 소유의 땅으로 돌아갈 수 있었습니다.

1. 보호 받을 수 없는 살인자에 관한 규례
2. 보호 받을 수 있는 살인자에 관한 규례
3. 보호 받을 수 있는 살인자의 보호의 제한

신명기는 도피성 제도를 두 부분으로 나누어 소개합니다. 첫 번째 부분은 4장41-43절로서 이는 요단 동편에 설정해 놓은 3개의 도피성에 관해서 전하며 다시 19장1-13절은 이 도피성 자체에 대한 여러 규례를 우리들에게 전하고 있습니다. 곧 민수기의 본문이 도피성에 피하는 자에 대해서 집중한다면 신명기의 본문은 보다 더 도피성 제도 자체에 관하여 집중하는 것입니다.

신명기 4장41-43절은 요단 동편의 세 개의 도피성이 구별됨으로 성취된 말씀입니다. 출애굽기의 말씀은 부분적으로 신명기 말씀에서 성취됩니다. 모세에 의해서 성취된 요단 동편의 세 개의 도피성은 여호수아에 의해서 요단 서편에 구별됨으로 여호수아서에 의해서 온전히 성취됩니다.

신명기의 도피성의 모습은 보다 은혜로운 모습을 우리들에게 보여줍니다. 도피성은 이스라엘 전역에 골고루 퍼져 있었습니다. 누구든 도피성이 멀어 도피성에 이르지 못하여 보복자로부터 죽임을 당하지 않게 하셨습니다. 유대 전승에 따르면 도피성에 이르는 길은 14m로 넓었으며 그곳에 이르는 길에는 여러 푯대까지 세워져 있었다고 합니다.

1. 도피성의 위치와 길 닦음의 규례
2. 보호 받는 살인자에 대한 구체적인 예

도피성 제도는 여호수아 20장에서 성취됩니다. 이 제도가 역사적으로 성취되었는가는 불확실하나 성경은 이 제도를 통해서 참된 도피성이 되시는 예수 그리스도로 통한 성취를 우리들에게 보여 주시고자 하시는 것입니다.

하나님께서 이 도피성 제도를 이스라엘 가운데 주심은 단순한 저들의 사회생활을 위한 것이 아닙니다. 성경은 언제나 어떠한 규례를 주실 때에는 그 규례를 통해서 예수 그리스도에 관해서 전해 주신다는 영적인 안목을 가지고 말씀에 접근하여야 하는 것입니다.

곧 도피성의 제도는 우리의 죄를 속죄하시는 예수 그리스도를 예표합니다. 도피성 제도는 인간의 연약성을 전제하는데 곧 하나님께서도 우리들 가운데 예수 그리스도를 보내심도 영원히 죽을 수밖에 없는 인간의 연약함에 대한 하나님의 구원의 방법이 되는 것입니다.

민수기적인 안목으로 죄인은 자신의 죄에 대한 진정한 깨달음과 회개 없이 단순히 도피성을 수단화하려 할 때에 그러한 자에게는 결코 도피성이 안전을 보장해 주지 못한다는 것을 배울 수 있는 것입니다. 비록 도피성의 규례는 우발적인가 고의적인가의 질문을 하지만 그것은 영적으로 우리들의 회개가 진정한 것인가 아니면 형식적인 것인가를 질문하는 것입니다. 이 땅의 불완전한 도피성은 고의적인 살인자를 속죄할 수 없지만 진정한 도피성이 되시는 예수 그리스도는 비록 고의적으로 범죄하였다고 할지라도 그 중심으로 회개하는 심령에 용서를 베풀어주시는 것입니다. 도피성에 보호를 받는 자가 대제사장의 죽음 이후에 자신의 집으로 돌아갈 수 있었던 것은 대제사장의 죽음이 살인자의 죄에 대해서 속죄하였기 때문입니다. 이와 같이 예수 그리스도의 죽음은 우리의 죄를 속죄하시는 것입니다. 대제사장의 죽음 이전에 도피성을 나간 사람이 그 생명의 보호를 받지 못하듯이 이제 예수 그리스도를 떠난 인생은 결국 하나님의 사랑과 긍휼을 멸시함으로 멸망뿐인 것입니다.

본문	도피성 제도의 의미
출애굽기 21:12-14	1. 도피성 제도의 전제 2. 도피성 제도의 한계 3. 도피성 제도에 관한 계시적 점진성
민수기 35:9-34	1. 보호 받을 수 없는 살인자에 관한 규례 2. 보호 받을 수 있는 살인자에 관한 규례 3. 보호 받을 수 있는 살인자의 보호의 제한
신명기 4:41-43	요단 동편의 세 개의 도피성 구별
신명기 19:1-13	1. 도피성의 위치와 길 닦음의 규례 2. 보호 받는 살인자에 대한 구체적인 예
여호수아 20:1-9	1. 살인자가 보호 받는 두 가지 시기 2. 요단 서편의 세 개의 도피성 구별

묵상

01 보호 받는 살인자와 보호 받지 못하는 살인자가 주는 교훈에 관하여 나누어
    봅시다.

02 살인자가 보호 받는 두 가지 경우와 그 의미에 관하여 나누어 봅시다.

03 도피성과 예수 그리스도에 관하여 나누어 봅시다.

되새김

도피성은 '피하는 성읍'이 아닌 '받아들이는 성읍'의 뜻을 가집니다. 이는 우리들
을 받아들이시는 참된 안식과 피난처가 되시는 예수 그리스도를 가리키는 것입
니다. 오직 살인자가 도피성 안에서만 보호함을 받듯이 죄인된 우리들을 보호할
도피성은 오직 예수 그리스도일 뿐입니다.

PART

20

레위 지파의 성읍
21장1~45절

Key Point

이스라엘의 땅의 분배가 끝난 후에 마지막으로 레위 지파와 관련된 말씀으로 그들에게 할당된 48개의 성읍에 대한 말씀입니다. 이러한 최종적인 레위 지파에 대한 규례의 성취로 말미암아 신앙 중심적인 이스라엘 땅 분배의 본래적인 목적이 무엇인가를 밝힙니다.

본문 이해

　13장으로부터 이어진 땅의 분배는 레위인에게 48개의 성읍이 주어짐으로 마칩니다. 곧 요단 동편에서 이루어진 1차 분배에 의한 요단 동편의 두 지파 반(13장), 길갈에서 행하여진 2차 분배에 의한 유다지파(14-15장), 요셉 지파(16-17장)의 기업 분배, 실로에서 행하여진 나머지 7지파에 관한 3차 기업 분배(18-19장), 레위 지파의 성읍으로 앞서 전해진 도피성(20장)에 관한 말씀에 이어 마지막으로 레위 자손에게 주어진 도피성을 포함한 48성읍과 목초지에 관한 말씀으로 땅의 분배에 대한 말씀이 마무리 됩니다.

　레위 자손은 땅의 기업을 받지 않았습니다. 그들에게는 여호와께서 기업이 되시기 때문입니다. 그들은 여호와 하나님을 섬기며 그들의 생계를 유지하였습니다. 그러나 그들에게도 거주할 집이 필요하므로 이스라엘 자손의 기업 중에서 48개의 성읍이 지정된 것입니다. 이스라엘의 지파의 기업의 분배가 제비를 뽑아 이루어진 바와 마찬가지로 이 성읍들도 제비를 뽑아 주어집니다. 레위 자손들의 48개의 성읍에 관한 말씀은 역대상 6장54-81절에서도 반복됩니다.

■ 여호수아 21장의 구조적 이해

수 21:1-3: 레위 사람 족장들의 요구와 수락

수 21:4: 그핫 자손 중 아론의 자손의 성읍들-13성읍

  수 21:8-19: 그핫 자손 중 아론의 자손의 성읍과 목초지-13성읍

수 21:5: 남은 그핫 자손의 성읍들-10성읍

  수 21:20-26: 남은 그핫 자손의 성읍과 목초지-10성읍

수 21:6: 게르손 자손의 성읍들-13성읍

  수 21:27-33: 게르손 자손의 성읍과 목초지-13성읍

수 21:7: 므라리 자손의 성읍들-12성읍

  수 21:34-40: 므라리 자손의 성읍과 목초지-12성읍

수 21:41-42: 48개의 성읍과 목초지

수 21:43-45: 이스라엘에게 안식을 주심

1. 레위 사람의 족장들의 요구와 수락에 관하여 살펴봅시다(1-3절).

"그 때에 레위 사람의 족장들이 제사장 엘르아살과 눈의 아들 여호수
아와 이스라엘 자손의 지파 족장들에게 나아와 가나안 땅 실로에서 그
들에게 말하여 이르되 여호와께서 모세에게 명령하사 우리가 거주할
성읍들과 우리 가축을 위해 그 목초지들을 우리에게 주라 하셨나이다
하매 이스라엘 자손이 여호와의 명령을 따라 자기의 기업에서 이 성읍
들과 그 목초지들을 레위 사람에게 주니라"(1-3절)

땅의 분배에 있어서 레위 지파 사람들에게는 기업으로 준 것이 없었

습니다.

요단 동편의 분배에 관련된 말씀에서
"오직 레위 지파에게는 여호수아가 기업으로 준 것이 없었으니 이는
그에게 말씀하신 것과 같이 이스라엘의 하나님 여호와께 드리는 화제
물이 그들의 기업이 되었음이더라

"요단 동쪽 여리고 맞은편 모압 평지에서 모세가 분배한 기업이 이러
하여도 오직 레위 지파에게는 모세가 기업을 주지 아니하였으니 이는
그들에게 말씀하신 것과 같이 이스라엘의 하나님 여호와께서 그들의
기업이 되심이었더라"(수 13:32-33)

이는 요단 동편 분배만이 아닌 요단 서편에서도 마찬가지인 것입니
다. 이에 레위 사람의 족장들은 제사장 엘르아살과 눈의 아들 여호수
아와 이스라엘 자손의 지파 족장들에게 나아와 여호와께서 모세에게
명령한 대로 그들이 거주할 성읍들과 가축을 위한 목초지를 구하였으
며 이스라엘 자손들이 자기 기업에서 그 성읍과 목초지들을 레위 사람
에게 주었습니다.

2. 그핫 가족 중 제사장 아론의 자손들은 어느 지파의 기업에서 성읍을 받
았습니까?(4절)
"그핫 가족을 위하여 제비를 뽑았는데 레위 사람 중 제사장 아론의 자

손들은 유다 지파와 시므온 지파와 베냐민 지파 중에서 제비 뽑은 대로 열세 성읍을 받았고"(4절)

그핫 자손 중 제사장 아론의 자손들은 유다 지파 시므온 지파, 베냐민 지파 중에서 제비 뽑은 대로 13 성읍을 받았습니다.

3. 그핫 자손들 중에 남은 자는 어느 지파의 기업에서 성읍을 받았습니까?(5절)

"그핫 자손들 중에 남은 자는 에브라임 지파의 가족과 단 지파와 므낫세 반 지파 중에서 제비 뽑은 대로 열 성읍을 받았으며"(5절)

그핫 자손들 중에 남은 자는 에브라임 지파, 단 지파, 므낫세 반 지파 중에서 10성읍을 받았습니다.

4. 게르손 자손들은 어느 지파의 기업에서 성읍을 받았습니까?(6절)

"게르손 자손들은 잇사갈 지파의 가족들과 아셀 지파와 납달리 지파와 바산에 있는 므낫세 반 지파 중에서 제비 뽑은 대로 열세 성읍을 받았더라"(6절)

게르손 자손들은 잇사갈 지파, 아셀 지파, 납달리 지파와 바산에 있는 므낫세 반 지파 중에서 13 성읍을 받았습니다.

5. 므라리 자손들은 어느 지파의 기업에서 성읍을 받았습니까?(7절)

"므라리 자손들은 그 가족대로 르우벤 지파와 갓 지파와 스불론 지파 중에서 열두 성읍을 받았더라"(7절)

므라리 자손들은 르우벤 지파, 갓 지파, 스불론 지파 중에서 12성읍을 받았습니다.

6. 레위 지파에게 준 48개의 성읍을 정리하여 봅시다(1-40절).

　1) 그핫 자손 중 아론 자손의 성읍들-13 성읍(8-19절)

NO	지명	성읍을 준 지파	비고
1	헤브론	유다	갈렙에게 처음 주어졌으나 도피성으로 지정됨
2	립나	유다	요시야 왕 모친의 고향
3	얏딜	유다	다윗이 아말렉을 쳐서 탈취물을 이 성읍에 선물로 보냄
4	에스드모아	유다	다윗이 시글락을 쳐서 탈취물을 이 성읍에 선물로 보냄
5	홀론	유다	
6	드빌	유다	갈렙의 명령에 의해 옷니엘이 점령
7	아인	시므온	유다 지파, 시므온 지파를 거쳐 레위 지파에게 분배됨
8	윳다	유다	사가랴의 거주지이며 세례 요한의 출생지, 지금 지명도 윳다임
9	벧세메스	유다	단 지파를 거쳐 레위 지파에게 주어짐
10	기브온	베냐민	여호수아가 아모리 족속과 싸울 때 해가 머문 곳
11	게바	베냐민	
12	아나돗	베냐민	대제사장 아비아달의 소유지, 예레미야의 출생지
13	알몬	베냐민	

2) 남은 그핫 자손의 성읍들-10 성읍(20-26절)

NO	지명	성읍을 준 지파	비고
14	세겜	에브라임	아브라함이 하란을 떠나 처음으로 가나안에 들어와서 단을 쌓음 여호수아가 백성들을 모아 설교
15	게셀	에브라임	
16	깁사임	에브라임	
17	벧호론	에브라임	가나안 북부 동맹군들이 이스라엘을 대적하다가 참패를 당했음 솔로몬이 요새화
18	엘드게	단	앗수리아 비문에는 알타구로 되어 있음
19	깁브돈	단	
20	아얄론	단	예루살렘 북서쪽에 위치
21	가드림몬	단	
22	다아낙	므낫세 반	므깃도 동남쪽 6km. 대상로의 요지
23	가드림몬	므낫세 반	

3) 게르손 자손의 성읍들-13 성읍(27-33절)

NO	지명	성읍을 준 지파	비고
24	골란	므낫세 반	바산 지역에 위치한 도피성
25	브에스드라	므낫세 반	바산 왕 옥에서 빼앗었음. 아스다롯이라고도 함
26	기시온	잇사갈	
27	다브랏	잇사갈	
28	야르뭇	잇사갈	잇사갈 지파 간에서는 레멧이라고 불리웠음
29	언간님	잇사갈	아넬이라고도 함. 현재의 예닌
30	미살	아셀	마살이라고도 함
31	압돈	아셀	에브론이라고도 함
32	헬갓	아셀	후곡이라고도 함
33	르홉	아셀	아셀 북부 지역에 위치
34	게데스	납달리	게데스 납달리, 갈릴리 게데스라고도 함
35	함못돌	납달리	함맛, 함몬이라고도 함
36	가르단	납달리	기랴다임이라고도 함

4) 므라리 자손의 성읍들-12 성읍(34-40절)

NO	지명	성읍을 준 지파	비고
37	욕느암	스블론	남부 갈릴리 산지에 위치
38	가르다	스블론	
39	딤나	스블론	
40	나할랄	스블론	
41	베셀	르우벤	
42	야하스	르우벤	아모리 왕 시혼이 이스라엘에게 살해를 당한 곳
43	그데못	르우벤	
44	므바앗	르우벤	
45	라못	갓	
46	마하나임	갓	야곱이 하나님의 사자를 만났음. 이곳 여자들은 춤을 잘 추는 것으로 알려져 있음(아 6:14)
47	헤스본	갓	아모리 왕 시혼의 수도, 르우벤, 갓 지파를 거쳐 레위 지파에게 주어짐
48	야셀	갓	

7. 각 성읍의 사면에는 무엇이 있었습니까?(41-42절).

레위 사람들이 이스라엘 자손의 기업 중에서 받은 성읍은 모두 48 성읍이요 또 그 목초지들이었습니다. 각 성읍의 사면에 목초지가 있었고 모든 성읍이 다 그리하였습니다.

8. 하나님께서 열조에게 맹세하여 주마 약속하신 온 땅을 주신 후에 저들에게 주신 것은 무엇입니까?(43-45절).

"여호와께서 이스라엘의 조상들에게 맹세하사 주리라 하신 온 땅을 이와 같이 이스라엘에게 다 주셨으므로 그들이 그것을 차지하여 거기에 거주하였으니 여호와께서 그들의 주위에 안식을 주셨으되 그 조상들에게 맹세하신 대로 하셨으므로 그들의 모든 원수들 중에 그들과 맞선 자가 하나도 없었으니 이는 여호와께서 그들의 모든 원수들을 그들의 손에 넘겨 주셨음이니라 여호와께서 이스라엘 족속에게 말씀하신 선한 말씀이 하나도 남음이 없이 다 응하였더라"(42-45절)

안식

■ 역대상 6장 54-81절의 레위 사람의 정착지와 본문 비교

	본문	비고
그 핫 자 손 중 아 론 의 자 손	"그들의 거주한 곳은 사방 지계 안에 있으니 그들의 마을은 아래와 같으니라 아론 자손 곧 그핫 종족이 먼저 제비 뽑았으므로 그들에게 유다 땅의 헤브론과 그 사방 초원을 주었고 그러나 그 성의 밭과 마을은 여분네의 아들 갈렙에게 주었으며 아론 자손에게 도피성을 주었으니 헤브론과 립나와 그 초원과 얏딜과 에스드모아와 그 초원과 힐렌과 그 초원과 드빌과 그 초원과 아산과 그 초원과 벧세메스와 그 초원이며 또 베냐민 지파 중에서는 게바와 그 초원과 알레멧과 그 초원과 아나돗과 그 초원을 주었으니 그들의 종족이 얻은 성이 모두 열셋이었더라"(대상 6:54-60)	• 수치상의 차이로 13개의 성읍 중에 2개의 성읍이 누락됨
그 핫 자 손 중 남 은 자	"그핫 자손의 남은 자에게는 절반 지파 즉 므낫세 반 지파 종족 중에서 제비 뽑아 열 성읍을 주었고"(대상 6:61) "그핫 자손의 몇 종족은 에브라임 지파 중에서 성읍을 얻어 영토를 삼았으며 또 그들에게 도피성을 주었으니 에브라임 산중 세겜과 그 초원과 게셀과 그 초원과 욕므암과 그 초원과 벧호론과 그 초원과 아얄론과 그 초원과 가드림몬과 그 초원이며 또 그핫 자손의 남은 종족에게는 므낫세 반 지파 중에서 아넬과 그 초원과 빌르암과 그 초원을 주었더라"(대상 6:66-70)	• 에브라임 지파와, 단 지파에 대한 언급이 생략됨.

	본문	비고

게르손자손	"게르손 자손에게는 그들의 종족대로 잇사갈 지파와 아셀 지파와 납달리 지파와 바산에 있는 므낫세 지파 중에서 열세 성읍을 주었고"(대상 6:62)
	
	"게르손 자손에게는 므낫세 반 지파 종족 중에서 바산의 골란과 그 초원과 아스다롯과 그 초원을 주고 또 잇사갈 지파 중에서 게데스와 그 초원과 다브랏과 그 초원과 라못과 그 초원과 아넴과 그 초원을 주고 아셀 지파 중에서 마살과 그 초원과 압돈과 그 초원과 후곡과 그 초원과 르홉과 그 초원을 주고 납달리 지파 중에서 갈릴리의 게데스와 그 초원과 함몬과 그 초원과 기랴다임과 그 초원을 주니라"(대상 6:71-76)
		• 브에스드라
		  =아스다롯
		• 게데스=기시온
		• ....
		  (수 21:27-33참조)

므라리자손	"므라리 자손에게는 그 종족대로 르우벤 지파와 갓 지파와 스불론 지파 중에서 제비 뽑아 열두 성읍을 주었더라"(대상 6:63) "므라리 자손의 남은 자에게는 스불론 지파 중에서 림모노와 그 초원과 다볼과 그 초원을 주었고 또 요단 건너 동쪽 곧 여리고 맞은편 르우벤 지파 중에서 광야의 베셀과 그 초원과 야사와 그 초원과 그데못과 그 초원과 메바앗과 그 초원을 주었고 또 갓 지파 중에서 길르앗의 라못과 그 초원과 마하나임과 그 초원과 헤스본과 그 초원과 야셀과 그 초원을 주었더라"(대상 6:77-81)	• ... (수 21:34-40 참조)

01 하나님께서 레위 지파에게 기업을 주지 않으시고 또한 이스라엘 전역에 흩으신 이유는 무엇입니까?

02 레위 지파 성읍에 관하여 연구하여 봅시다.

03 레위 지파에게 자신들의 성읍을 준 이스라엘 자손이 주는 교훈에 관하여 나누어 봅시다.

되새김

가나안 정복은 이스라엘 열조에게 행하신 언약에 근거한 것입니다. 하나님께서는 열조에게 말씀하신 대로 다 이루어 그 땅을 저들에게 허락하셨으며 신앙 중심적으로 살게 하셨으며 또한 그리할 때에 참된 안식을 허락하시는 것입니다. 이제 믿음의 삶은 참된 언약과 약속이 있는 하늘 도성과 그 안식을 위하여 살아가야 할 것입니다.

PART

21

요단 동편 지파의 귀환
22장1~34절

Key Point

13-19장의 12지파의 영토 분배, 20장의 도피성의 선정, 21장의 레위 지파의 48 성읍 분배까지 마친 후 여호수아는 요단 동편의 세 지파를 돌려보냅니다. 요단 동편의 세 지파의 귀환 과정에서 세운 단에 관련된 오해로 말미암아 잠시 동족상잔의 위기가 있었으나 이러한 오해가 잘 풀려 오히려 공동체가 더욱 굳게 결속됩니다.

본문 이해

22장은 13-21장까지의 이스라엘 자손을 위한 땅의 분배가 마치고 이제 요단을 건너 이스라엘의 정복을 도왔던 요단 동편의 두 지파 반의 귀환에 관하여 전합니다. 요단 서편에서 땅의 분배와 함께 안식이 주어짐으로 자신들의 책임을 다하였던 요단 동편의 두 지파 반은 여호수아의 권면의 말씀을 듣고 전리품을 가지고 귀환합니다. 이번장에서는 이들 지파들이 귀환하는 과정에서 요단 언덕 가에 쌓은 제단과 이에 대한 오해와 그 해결의 말씀을 전합니다.

■ 여호수아 22장의 구조적 이해

　　수 22:1-6: 요단 동편 지파에 귀환에 앞선 당부의 말

　　수 22:7-9: 요단 동편 지파에게 주어진 전리품

　　수 22:10-12: 요단 동편의 지파에 의해서 쌓아진 요단 가의 제단

　　수 22:13-20: 요단 동편지파에게 대표자를 파송함과 질의

　　수 22:21-29: 요단 동편 지파의 대답

　　수 22:30-34: 요단 동편 지파의 말에 대한 이스라엘의 반응

1. 요단강 동편 지파를 돌려 보내며 여호수아의 당부의 말은 무엇입니까?(1-6절)

"그 때에 여호수아가 르우벤 사람과 갓 사람과 므낫세 반 지파를 불

러서"(1절)

르우벤과 갓, 므낫세 반 지파가 가족을 떠나 요단을 건너 형제들을 위하여 싸우되 오래도록 싸웠으며, 그 형제를 떠나지 않았으며, 하나님께서 명령하신 그 책임을 지켜 마침내 형제들의 안식을 얻기까지 그 사명을 완수하였습니다.

마침내 땅의 모든 분배가 끝이 난 후, 여호수아는 요단 동편의 세 지파, 르우벤 지파, 갓 지파, 므낫세 반지파를 그들의 장막으로 돌려보내며 당부하기를

"오직 여호와의 종 모세가 너희에게 명령한 명령과 율법을 반드시 행하여 너희의 하나님 여호와를 사랑하고 그의 모든 길로 행하며 그의 계명을 지켜 그에게 친근히 하고 너희의 마음을 다하며 성품을 다하여 그를 섬길지니라"(5절)

하고 그들에게 축복하여 보냈습니다.

2. 므낫세 지파가 기업을 받음을 살펴봅시다(7절).

"므낫세 반 지파에게는 모세가 바산에서 기업을 주었고 그 남은 반 지파에게는 여호수아가 요단 이쪽 서쪽에서 그들의 형제들과 함께 기업을 준지라 여호수아가 그들을 그들의 장막으로 돌려보낼 때에 그들에

게 축복하고"(7절)

므낫세 반 지파에게는 모세가 바산에서 기업을 주었고 남은 반 지파에게는 여호수아가 요단 서쪽에서 그들의 형제들과 함께 기업을 주었습니다. 그러므로 므낫세 지파는 요셉의 장자로서 요단 동편과 서쪽에서 각각 분배를 받음으로 두 배의 장자의 분량을 받은 바 되는 것입니다. 이는 르우벤 지파와 비교가 됩니다.

3. 여호수아가 돌아가는 요단 동편의 세 지파에게 준 것은 무엇입니까?(7-9절)

여호수아는 요단 동편의 세 지파가 요단 서편에서 싸움으로 얻은 전리품을 그들에게 공평하게 나누어주었습니다. 곧 여호수아는 말하기를

"너희는 많은 재산과 심히 많은 가축과 은과 금과 구리와 쇠와 심히 많은 의복을 가지고 너희의 장막으로 돌아가서 너희의 원수들에게서 탈취한 것을 너희의 형제와 나눌 지니라"(8절)

라고 말함으로 그 전리품을 싸움에 동참하지 않은 남겨진 자들에게까지 나누었습니다. 이는 전쟁의 승리가 자신이 아닌 여호와께로 말미암음을 고백하는 형제애가 되는 것입니다.

르우벤 자손과 갓 자손과 므낫세 반 지파가 가나안 땅 실로에서 이스

라엘 자손을 떠나 여호와께서 모세에게 명령하신 대로 받은 땅 그의 소유지인 길르앗으로 돌아갔습니다.

4. 요단 동편 지파의 복귀 시에 그들이 행한 것은 무엇입니까?(10-12절)

요단 동편의 세 지파는 가나안 땅 요단 언덕 가에 이르자 거기서 요단 가에 제단을 쌓았습니다. 이를 들은 이스라엘 자손들은 온 회중이 실로에 모여서 그들과 싸우러 가려 하였습니다.

5. 이스라엘 온 회중이 요단 동편의 지파들에게 보낸 사람들과 그들의 말을 살펴봅시다(13-20절).

이스라엘 자손이 제사장 엘르아살의 아들 비느하스를 길르앗 땅으로 보내어 르우벤 자손과 갓 자손과 므낫세 반 지파를 보게 하되 이스라엘 각 지파에서 한 지도자씩 열 지도자를 그와 함께 가게 하였습니다. 그들이 길르앗에 이르러 요단 동편의 세 지파에게 말하기를

"너희가 어찌하여 이스라엘 하나님께 범죄하여 오늘 여호와를 따르는 데서 돌아서서 너희를 위하여 제단을 쌓아 너희가 오늘 여호와께 거역하고자 하느냐 브올의 죄악으로 말미암아 여호와의 회중에 재앙이 내렸으나 오늘까지 우리가 그 죄에서 정결함을 받지 못하였거늘 그 죄악이 우리에게 부족하여서 오늘 너희가 돌이켜 여호와를 따르지 아니하려고 하느냐 너희가 오늘 여호와를 배역하면 내일은 그가 이스라엘

온 회중에게 진노하시리라 그런데 너희의 소유지가 만일 깨끗하지 아니하거든 여호와의 성막이 있는 여호와의 소유지로 건너와 우리 중에서 소유지를 나누어 가질 것이니라 오직 우리 하나님 여호와의 제단 외에 다른 제단을 쌓음으로 여호와를 거역하지 말며 우리에게도 거역하지 말라 세라의 아들 아간이 온전히 바친 물건에 대하여 범죄하므로 이스라엘 온 회중에 진노가 임하지 아니하였느냐 그의 죄악으로 멸망한 자가 그 한 사람만이 아니었느니라"(16-20절)

라고 하였습니다.

6. 요단 동편 지파가 요단가에 단을 쌓은 이유는 무엇입니까?(21-29절)

요단 가의 단은 번제나 소제나 다른 제사를 위하여 쌓은 것이 아니라 훗날 요단 서편에 있는 이스라엘 백성이 그들에게 너희는 이스라엘 백성과 아무 상관이 없다고 할까 두려워서 같은 형제와 같은 기업을 약속 받은 하나님의 자녀들로서 같은 하나님을 섬김을 상징적으로 나타내려 한 것입니다.

7. 요단 동편 지파의 말에 대한 이스라엘의 반응은 어떠했습니까?(30-34절)

제사장 비느하스와 그와 함께한 회중의 지도자들 곧 이스라엘 천천의 수령들이 르우벤 자손과 갓 자손과 므낫세 자손의 말을 듣고 좋게 여겼습니다. 이 일을 전해 들은 이스라엘은 즐거워하였습니다. 이스라엘의 위기는 해프닝이 되었습니다.

　르우벤 자손과 갓 자손은 그 단을 '엣'이라 불렀습니다. 이는 우리 사이에 이 제단은 여호와께서 하나님이 되시는 증거라 함입니다.

묵상

01 요단 동편 지파의 신실함에 관하여 나누어 봅시다.

02 요단 동편 지파의 전리품을 통한 교훈은 무엇입니까?

03 요단 가의 '엣' 단이 주는 교훈은 무엇입니까?

되새김

요단 동편 세 지파가 요단 동편 땅의 분배가 마치기까지 함께 함은 그들의 신실함과 희생정신을 보여주며 이들이 그들의 전리품을 나눔은 참된 사랑의 정신을 보여줍니다. 마지막으로 이들이 요단 가에 세운 단을 통해서는 우리는 공동체의 하나됨과 신앙 중심적인 면에 관하여 엿볼 수 있습니다.

PART

22

여호수아의 고별사
23장1~16절

Key Point

23장은 백성의 지도자들에게 행한 여호수아의 고별사로 24장과 더불어 여호수아의 결론적인 장으로서 첫째, 하나님께서 이스라엘을 위하여 하신 일에 관하여 둘째, 가나안 땅의 완전한 정복을 위하여 이스라엘 백성들이 주의해야 할 바에 관하여 셋째, 순종과 불순종의 결과에 관하여 가르치고 있습니다.

본문 이해

1-12장의 정복과 13-21장의 분배를 마치고 22-24장은 부록적인 말씀입니다. 22장에서 요단 동편의 지파들의 귀환이 이루어진 후에 여호수아는 두 차례의 고별사를 하게 됩니다. 먼저 23장에서는 이스라엘 지도자들을 불러 그들에게 고별사를 통해서 당부의 말씀을 전하며, 24장에서는 이스라엘 온 지파를 불러 그들에게 이스라엘 역사를 회고하며 결단을 촉구함으로 세겜의 언약을 맺게 됩니다. 23장은 온 이스라엘과 맺은 세겜 언약 이전에 이루어진 이스라엘 지도자들이 소집과 당부의 말씀에 관하여 전합니다.

■ 여호수아 23장의 구조적 이해

수 23:1-2: 이스라엘 지도자들의 소집
수 23:3-5: 기업에 대한 약속-약속의 말씀
수 23:6-13: 여호수아의 당부의 말-당부의 말씀
수 23:14-16: 선한 말씀과 불길한 말씀-경계의 말씀

1. 여호수아가 불러 모은 이스라엘의 지도자들은 누구입니까?(1-2절)

"여호와께서 주위의 모든 원수들로부터 이스라엘을 쉬게 하신 지 오랜 후에 여호수아가 나이 많아 늙은지라 여호수아가 온 이스라엘 곧 그들의 장로들과 수령들과 재판장들과 관리들을 불러다가 그들에게 이르

되 나는 나이가 많아 늙었도다"(1-2절)

여호와께서 주위의 모든 원수들을 다 멸하시고 안식을 이스라엘에게 주신 지 오랜 후에 여호수아가 나이 많아 늙어 온 이스라엘의 장로들과 수령들과 재판장들과 관리들을 불러다가 마지막 고별사를 합니다.

2. 여호수아 고별사에 약속된 말씀을 살펴봅시다(3-5절).

여호수아는 먼저 하나님께서 이 모든 것을 행하셨음을 밝히었습니다. 여호수아는 결코 자신을 높이지 않았고, '너희의 하나님 여호와 그는 너희를 위하여 싸우신 이시니라'라고 하며 하나님을 높였습니다. 여호수아는 요단에서부터 해 지는 쪽 대해까지의 남아 있는 나라들과 이미 멸한 모든 나라를 제비 뽑아 이스라엘 지파에게 기업이 되게 하였으며 하나님께서는 그곳에 있는 자들을 쫓아내시며 이스라엘로 그 땅을 차지하게 하실 것입니다. 이스라엘은 하나님의 행하심과 약속과 그 신실하심을 붙들어야 하는 것입니다.

3. 요단 서편의 기업을 차지하기 위한 여호수아의 당부의 말들을 살펴봅시다(6-13절).

여호수의 당부의 말들은 다음과 같습니다.

① 너희는 크게 힘써 모세의 율법 책에 기록된 것을 다 지켜 행하라 그것을 떠나 우로나 좌로나 치우치지 말라(6절).

② 너희 중에 남아 있는 이 민족들 중에 들어 가지 말라 그들의 신들

의 이름을 부르지 말라 그것들을 가리켜 맹세하지 말라 또 그것을 섬겨서 그것들에게 절하지 말라(7절).

③ 오직 너희 하나님 여호와께 가까이 하기를 오늘날까지 행한 것 같이 하라(8절).

④ 이는 여호와께서 강대한 나라들을 너희 앞에서 쫓아내셨으므로 오늘날까지 너희에게 맞선 자가 하나도 없었느니라 너희 중 한 사람이 천 명을 쫓으리니 이는 너희 하나님 여호와 그가 너희에게 말씀하신 것 같이 너희를 위하여 싸우심이라 그러므로 스스로 조심하여 너희의 하나님 여호와를 사랑하라(9-11절).

⑤ 너희가 만일 돌아서서 너희 중에 남아 있는 이 민족들을 가까이 하여 더불어 혼인하며 서로 왕래하면 확실히 알라 너희의 하나님 여호와께서 이 민족들을 너희 목전에서 다시는 쫓아내지 아니하시리니 그들이 너희에게 올무가 되며 덫이 되며 너희의 옆구리에 채찍이 되며 너희의 눈에 가시가 되어서 너희가 마침내 너희의 하나님 여호와께서 너희에게 주신 이 아름다운 땅에서 멸하리라(12-13절).

4. 여호수아가 백성의 지도자들에게 마지막으로 한 말은 무엇입니까?(14-16절)

"보라 나는 오늘 온 세상이 가는 길로 가려니와 너희의 하나님 여호와께서 너희에게 대하여 말씀하신 모든 선한 말씀이 하나도 틀리지 아니하고 다 너희에게 응하여 그 중에 하나도 어김이 없음을 너희 모든 사람은 마음과 뜻으로 아는 바라 너희의 하나님 여호와께서 너희에게 말씀하신 모든 선한 말씀이 너희에게 임한 것 같이 여호와께서 모든 불길한 말씀도 너희에게 임하게 하사 너희의 하나님 여호와께서 너희에게 주신 이 아름다운 땅에서 너희를 멸절하기까지 하실 것이라 만일 너희가 너희의 하나님 여호와께서 너희에게 명령하신 언약을 범하고 가서 다른 신들을 섬겨 그들에게 절하면 여호와의 진노가 너희에게 미치리니 너희에게 주신 아름다운 땅에서 너희가 속히 멸망하리라 하니라"(14-16절)

여호와 하나님께서는 이스라엘 백성들에게 선한 말씀 임하게 하시는 것과 마찬가지로 불길한 말씀도 임하게 하셔서 이스라엘 백성들이 가나안 땅, 그 아름다운 땅에서 멸망하기까지 할 것입니다. 이스라엘 지도자들에게 하나님께서 행하실 일들에 대한 약속(3-5절)과 이스라엘을 위한 당부의 말씀(6-13절)에 이어 마지막 경계의 말씀으로 마무리합니다(14-16절).

묵 상

01 모든 고백과 간증 속에서 선행되어야 하는 것은 무엇입니까?

02 여호수아의 고별사의 교훈의 말들을 묵상하여 봅시다.

03 축복의 땅 가나안 땅에서의 축복과 저주에 관하여 묵상하여 봅시다.

되새김

여호수아는 자신의 죽음을 앞두고 마지막 유언과 같은 고별사를 통해서 그들에
게 여전히 하나님에 관하여 깨닫게 합니다. 또한 그들에게 남겨진 사명을 온전
히 감당하는 것 또한 하나님에 대한 신앙의 승리로 말미암은 것입니다. 그 하나
님을 잃어버릴 때에 축복의 땅에서라도 그들은 속히 멸망하고 마는 것입니다.

PART

22

여호수아의 세겜 언약 갱신
24장1~33절

Key Point

23장에서 한 차례 이스라엘 백성의 지도자 앞에서 고별사를 한 여호수아는 이번에는 모든 이스라엘 자손들을 세겜에 모으고 마지막 고별사를 통하여 백성들에게 하나님을 섬기든지 이방 신들을 섬기든지 하나를 택하라고 합니다. 이에 이스라엘은 세겜에서 언약을 갱신하며 하나님만을 섬기기를 결단합니다.

본문 이해

　23장의 이스라엘 지도자들에게 행한 여호수아의 고별사에 이어 24장은 이스라엘 온 지파에게 행한 말씀입니다. 여호수아는 이스라엘의 역사를 회고하며 '나와 내 집은 여호와를 섬기겠노라'며 이스라엘의 결단을 촉구에 이에 응답하며 이스라엘은 세겜의 언약을 맺습니다. 여호수아의 마지막은 세 사람의 장례에 관하여 전합니다. 곧 여호수아의 죽음과 이장과 관련된 요셉과 대제사장인 아론의 아들 엘르아살의 죽음에 관한 말씀으로 여호수아는 끝을 맺습니다. 창세기가 야곱과 요셉의 죽음으로 끝을 맺고, 신명기가 모세의 죽음으로 끝을 맺듯이, 여호수아 또한 죽음의 이야기로 끝을 맺습니다. 그러나 이는 새로운 시작에 대한 말씀으로 이어지게 됩니다. 사람의 죽음으로 하나님의 약속이 폐하여질 수 없는 것입니다.

■ 여호수아 24장의 구조적 이해
　수 24:1: 이스라엘 모든 지파의 소집
　수 24:2-4: 아브라함을 부르심부터 출애굽 이전까지 회고
　수 24:5-7: 이스라엘의 출애굽으로부터 광야까지 회고
　수 24:8-13: 가나안 정복 회고
　수 24:14-28: 세겜 언약
　수 24:29-31: 여호수아의 죽음

수 24:32: 요셉의 유골 이장

수 24:33: 아론의 아들 엘르아살의 죽음

1. 여호수아의 세겜에서 이스라엘 온 지파의 소집을 살펴봅시다(1절).

"여호수아가 이스라엘 모든 지파를 세겜에 모으고 이스라엘 장로들과 그들의 수령들과 재판장들과 관리들을 부르매 그들이 하나님 앞에 나와 선지라"(1절)

여호수아는 이스라엘 모든 지파를 세겜에 모으고 이스라엘 장로들과 그 수령들과 재판장들과 관리들을 부르매 그들이 하나님 앞에 모였습니다. 특별히 여호수아가 세겜을 언약의 장소로 선택한 이유는 그곳에서 아브라함이 가나안으로 이주한 후에 첫 약속을 받았으며 그 후 이곳이 성스러운 곳으로 여겨졌기 때문입니다(창 12:6-7). 세겜은 축복을 선포한 산 그리심 산과 저주를 선포한 에발 산 사이에 있음으로 축복과 저주 사이의 선포로 적합한 곳이기도 합니다.

2. 이스라엘 역사의 회고를 살펴봅시다(2-13절).

1) 아브라함을 부르심으로부터 출애굽 이전까지(2-4절)

① 아브라함의 소명(2-3절)

"옛적에 너희의 조상들 곧 아브라함의 아버지, 나홀의 아버지 데라가 강 저쪽에 거주하여 다른 신들을 섬겼으나 내가 너희의 조상 아브라함을 강 저쪽에서 이끌어 내어 가나안 온 땅에 두루 행하게 하고 그의 씨를 번성하게 하려고 그에게 이삭을 주었으며"

   여호수아는 아브라함이 본래 이방신들을 섬기던 데라의 아들이었음을 알게 합니다. 하나님께서는 아브라함을 부르시되 강을 건너 이끄셨습니다. 이는 이전의 삶의 단절을 의미하는 것입니다. 출애굽 한 이스라엘이 홍해를 건넌 바도 이와 같은 것입니다. 하나님께서는 이스라엘을 다시 요단 강을 건너게 하셨는데 이는 다시금 이스라엘이 강을 건넘으로 홍해를 건넘을 상기시키는 것입니다. 믿음은 이와 같이 이전의 삶의 자리에서 건너온 사람들입니다.

  ② 믿음의 자손 이삭 출생(3절)
"이삭에게는 야곱과 에서를 주었고"

  ③ 야곱의 애굽 이주(4절)
"에서에게는 세일 산을 소유로 주었으나 야곱과 그의 자손들은 애굽으로 내려갔으므로"

  2) 출애굽으로부터 광야까지(5-7절)
  ④ 모세와 아론을 통한 애굽 심판(5절)
"내가 모세와 아론을 보내었고 또 애굽에 재앙을 내렸나니 곧 내가 그들 가운데 행한 것과 같고 그 후에 너희를 인도하여 내었노라"

⑤ 홍해 도하의 기적(6-7절)

"내가 너희의 조상들을 애굽에서 인도하여 내어 바다에 이르게 한즉 애굽 사람들이 병거와 마병을 거느리고 너희의 조상들을 홍해까지 쫓아오므로 너희의 조상들이 나 여호와께 부르짖기로 내가 너희와 애굽 사람들 사이에 흑암을 두고 바다를 이끌어 그들을 덮었나니 내가 애굽에서 행한 일을 너희의 눈이 보았으며 또 너희가 많은 날을 광야에서 거주하였느니라"

3) 가나안 정복까지(8-13절)
⑥ 아모리 족속 정복(8절)

"내가 또 너희를 인도하여 요단 저쪽에 거주하는 아모리 족속의 땅으로 들어가게 하매 그들이 너희와 싸우기로 내가 그들을 너희 손에 넘겨 주매 너희가 그 땅을 점령하였고 나는 그들을 너희 앞에서 멸절시켰으며"

⑦ 발람 사건(9-10절)

"또한 모압 왕 십볼의 아들 발락이 일어나 이스라엘과 싸우더니 사람을 보내어 브올의 아들 발람을 불러다가 너희를 저주하게 하려 하였으나 내가 발람을 위해 듣기를 원하지 아니하였으므로 그가 오히려 너희를 축복하였고 나는 너희를 그의 손에서 건져내었으며"

⑧ 가나안 정복(11-12절)

"너희가 요단을 건너 여리고에 이른즉 여리고 주민들 곧 아모리 족속과 브리스 족속과 가나안 족속과 헷 족속과 기르가스 족속과 히위 족속과 여부스 족속이 너희와 싸우기로 내가 그들을 너희의 손에 넘겨 주었으며 내가 왕벌을 너희 앞에 보내어 그 아모리 족속의 두 왕을 너희 앞에서 쫓아내게 하였나니 너희의 칼이나 너희의 활로써 이같이 한 것이 아니며"

⑨ 정착(13절)
"내가 또 너희가 수고하지 아니한 땅과 너희가 건설하지 아니한 성읍들을 너희에게 주었더니 너희가 그 가운데에 거주하며 너희는 또 너희가 심지 아니한 포도원과 감람원의 열매를 먹는다 하셨느니라"

3. 이스라엘 백성들의 결의를 살펴봅시다(14-24절).
"만일 여호와를 섬기는 것이 너희에게 좋지 않게 보이거든 너희 조상들이 강 저쪽에서 섬기던 신들이든지 또는 너희가 거주하는 땅에 있는 아모리 족속의 신들이든지 너희가 섬길 자를 오늘 택하라 오직 나와 내 집은 여호와를 섬기겠노라 하니"(15절)

"만일 너희가 여호와를 버리고 이방 신들을 섬기면 너희에게 복을 내리신 후에라도 돌이켜 너희에게 재앙을 내리시고 너희를 멸하시리라 하니"(20절)

여호수아는 먼저 오직 나와 내 집은 여호와를 섬기겠노라고 고백하며 이스라엘 백성들에게 결단을 요구합니다. 이에 이스라엘 백성들 또한 여호와 하나님만을 섬길 것을 결의합니다.

"백성이 여호수아에게 말하되 우리 하나님 여호와를 우리가 섬기고 그의 목소리를 우리가 청종하리이다 하는지라"(24절)

4. 여호수아가 세겜에서 이스라엘 백성들을 위하여 무엇을 하였습니까?(25-28절)

그날에 여호수아가 세겜에서 백성으로 더불어 언약을 세우고 그들을 위하여 율례와 법도를 제정하였습니다. 여호수아가 이 모든 말씀을 하나님의 율법책에 기록하고 큰 돌을 가져다가 거기 여호와의 성소 곁에 있는 상수리나무 아래 세우고 모든 백성에게 이르기를

"보라 이 돌이 우리에게 증거가 되리니 이는 여호와께서 우리에게 하신 모든 말씀을 이 돌이 들었음이라 그런즉 너희가 너희의 하나님을 부인하지 못하도록 이 돌이 증거가 되리라"(27절)

하고 백성을 보내어 각기 기업으로 돌아가게 하였습니다.

5. 여호수아의 죽음을 살펴봅시다(29-31절).

세겜의 언약 갱신 후에 여호와의 종 눈의 아들 여호수아가 110세에

죽으매 그들이 그를 그의 기업의 경내 딤낫 세라에 장사하였습니다. 이스라엘이 여호수아가 사는 날 동안과 여호수아 뒤에 생존한 장로들 곧 여호와께서 이스라엘을 위하여 행하신 모든 일을 아는 자의 사는 날 동안 여호와를 섬겼습니다.

6. 요셉의 뼈의 세겜 이장을 살펴봅시다(32절).

"또 이스라엘 자손이 애굽에서 가져 온 요셉의 뼈를 세겜에 장사하였으니 이곳은 야곱이 백 크시타를 주고 세겜의 아버지 하몰의 자손들에게서 산 밭이라 그것이 요셉 자손의 기업이 되었더라"(32절)

이스라엘 자손이 애굽에서 가져온 요셉의 뼈를 세겜에 장사하였습니다. 이곳은 야곱이 세겜의 아비 하몰의 자손에게 백 크시타를 주고 산 땅입니다. 그것이 요셉 자손의 기업이 되었습니다.

요셉의 뼈의 세겜 이장은 하나님의 약속의 성취를 다시금 보여주십니다.

"요셉이 또 이스라엘 자손에게 맹세시켜 이르기를 하나님이 반드시 당신들을 돌보시리니 당신들은 여기서 내 해골을 메고 올라가겠다 하라 하였더라"(창 50:25)

"모세가 요셉의 유골을 가졌으니 이는 요셉이 이스라엘 자손으로 단

단히 맹세하게 하여 이르기를 하나님이 반드시 너희를 찾아오시리니 너희는 내 유골을 여기서 가지고 나가라 하였음이더라"(출 13:19)

요셉의 유언으로 이루어진 요셉의 뼈의 이장은 더 나아가 하나님의 약속의 성취를 보여주시는 것입니다.

"아브람이 그 땅을 지나 세겜 땅 모레 상수리나무에 이르니 그 때에 가나안 사람이 그 땅에 거주하였더라 여호와께서 아브람에게 나타나 이르시되 내가 이 땅을 네 자손에게 주리라 하신지라 자기에게 나타나신 여호와께 그가 그 곳에서 제단을 쌓고 거기서 벧엘 동쪽 산으로 옮겨 장막을 치니 서쪽은 벧엘이요 동쪽은 아이라 그가 그 곳에서 여호와께 제단을 쌓고 여호와의 이름을 부르더니 점점 남방으로 옮겨갔더라"(창 12:6-9)

7. 아론의 아들 엘르아살의 죽음을 살펴봅시다(33절).

아론의 아들 엘르아살도 죽으매 그들이 그를 그 아들 비느하스가 에브라임 산지에서 받은 산에 장사하였습니다.

묵상

01 하나님의 구원의 역사의 회고로부터 얻을 수 있는 교훈은 무엇입니까?

02 여호수아와 이스라엘 백성들의 결단을 우리 자신에게 적용하여 봅시다.

03 신앙의 전수의 중요성에 관하여 이야기해 봅시다.

되새김

여호수아는 그의 삶의 마지막에 이스라엘의 신앙적인 결단을 촉구하였습니다.
이는 우리들에게 하나님과 세상 중에 하나만이 있음을 가르치며, 그 선택에는
머뭇머뭇 거림이 없이 지금 이 시간에 해야 하며 이는 결단이 요구됨을 가르칩
니다. 세겜의 언약 갱신은 바로 오늘 우리들이 세워야 할 결단이 되는 것입니다.

참고도서

- Auld, A. Graeme. 『Daily Study Bible: Joshua, Judges, and Ruth』. Philadelphia: Westminster, 1984.
- Butler, Trent C. 『WBC 성경주석: 여호수아』. 서울: 솔로몬,
- Creach, Jerome. 『현대성서주석: 여호수아』. 서울: 한국장로교 출판사, 2010.
- Woudstra, M. H. 『New International Commentary on the Old Testament: The Book of Joshua』. Grand Rapids: Eerdmans, 1981.
- Nelson, Richard D. 『Old Testament Library: Joshua』. Louisville: Westminster John Knox, 1997.
- Soggin, J. Alberto. 『Old Testament Library: Joshua』. Philadelphia: Westminster, 1972.
- 박창환. 『구약에서 듣는 하나님의 말씀: 여호수아 사사기』. 서울: 비블리카 아카데미아, 2009.
- 손석태. 『대한기독교서회 창립 100주년 기념 주석: 여호수아』. 서울: 대한기독교서회, 2006.
- 김경섭. 『파워리더 여호수아』. 서울: 프리셉트, 2002.
- 박동현. 『구약성경과 구약학』. 서울: 장로회신학대학교 출판부, 1999.
- 임경묵. 『민수기』. 인천: 도서출판 다바르, 2020.
- 임경묵. 『출애굽기』. 인천: 도서출판 다바르, 2022.

여호수아

초판인쇄일 _ 2024년 1월 12일
초판발행일 _ 2024년 1월 12일

펴낸이 _ 임경묵
펴낸곳 _ 도서출판 다바르

주소 _ 인천 서구 건지로 242, A동 401호(가좌동)
전화 _ 032) 574-8291

지은이 _ 임경묵 목사
         연세대학교 신학과 졸업
         장로회신학대학교 신대원 졸업(M.Div.)
         장로회신학대학교 대학원 졸업(Th.M.)
         현) 주향교회 담임목사
         현) 다바르 말씀사역원 원장

기획 및 편집 _ 장원문화인쇄
인쇄 _ 장원문화인쇄

ISBN 979-11-93435-02-1